Kresto K Krestoff

Lotzes metaphysischer Seelenbegriff

Kresto K Krestoff

Lotzes metaphysischer Seelenbegriff

ISBN/EAN: 9783743607637

Hergestellt in Europa, USA, Kanada, Australien, Japan

Cover: Foto ©Thomas Meinert / pixelio.de

Manufactured and distributed by brebook publishing software (www.brebook.com)

Kresto K Krestoff

Lotzes metaphysischer Seelenbegriff

LOTZE'S

METAPHYSISCHER SEELENBEGRIFF.

INAUGURAL-DISSERTATION

ZUR

ERLANGUNG DER PHILOSOPHISCHEN DOCTORWÜRDE

AN DER

UNIVERSITÄT LEIPZIG

VORGELEGT

VON

KRESTO K. KRESTOFF.

HALLE A. S.
DRUCK VON EHRHARDT KARRAS.
1890

Inhaltsübersicht.

Einleitung.

			Seite
Kapitel	I.	Allgemeines über die Quellen der Lotzeschen Psycholologie	1
„	II.	Die Stellung der Psychologie	3
„	III.	Die Aufgabe und Methode der Psychologie	11

Erster Abschnitt. Die Seele.

„	IV.	Gründe für die Annahme der Seele	14
„	V.	Natur und Vermögen der Seele	26
„	VI.	Verschiedenheit der Seelen; Seele und Geist, Menschen- und Thierseele	34
„	VII.	Schicksale der Seele	39

Zweiter Abschnitt. Gehirn und Seele.

„	VIII.	Der Körper, die Nerven und die Centralorgane in ihrer Bedeutung für die Seele	48
„	IX.	Der Sitz der Seele; ihre morphotische Kraft	57
„	X.	Gehirn und Bewusstsein	62

Dritter Abschnitt. Die Wechselwirkung.

„	XI.	Vorerörterungen	68
„	XII.	Die Lösung des Problems. Lotze's Begriff der persönlichen Gottheit	74

Vierter Abschnitt.

Abschluss 78

Einleitung.

I. Kapitel.

Allgemeines über die Quellen der Lotzeschen Psychologie.

Die psychologischen Probleme haben unstreitig zu den Lieblingsstudien Lotze's gehört. Wenn ihn zu der ästhetischen Forschung mehr seine ästhetisch angelegte Natur, sozusagen seine Herzensneigung trieb, so hat ihn zur Psychologie die Eigenthümlichkeit der psychologischen Wissenschaft selbst angezogen, und ihr hat er auch den grössten Theil seiner literarischen Wirksamkeit gewidmet. Aber nicht bloss die eigentlich psychologischen Werke sind es, welche Wichtiges und Grundlegendes für die Darstellung der Psychologie Lotze's enthalten, sondern auch solche Schriften, die dem Anschein nach von dem Gebiete der Psychologie weit abliegen, sind voll von gelegentlichen oder seiner scharfsinnigen Untersuchungsart entspringenden feinen Beobachtungen und geistreichen Winken. Doch muss ich hinzufügen, dass diese Bemerkung von dem empirischen Theile seiner Psychologie in viel höherem Grade gilt, als von dem hier zu behandelnden Bruchstück derselben, welches mehr in die Metaphysik hinüberreicht. Was den Grund dieser Erscheinung anbetrifft, so könnte man ihn in doppelter Art auffassen: erstens — was er mit manchem geistesverwandten Philosophen gemeinsam hat — der psychologische Grundcharakter seiner Philosophie; zweitens — was als seine Eigenthümlichkeit zu betrachten ist — die sichtliche Vorliebe, jede, auch die scheinbar unbedeutende Frage mit grösster Gründlichkeit und von dem höchsten

Standpunkte aus zu erörtern; dies macht es ihm in hohem Masse möglich, jeder Frage die psychologische Seite abzugewinnen und sie in dem grossen systematischen Zusammenhange seiner „individuellen Ueberzeugungen", wie er irgendwo bescheiden sagt[1]), einzureihen.

Ueberblickt man die ganze, einen Zeitraum von 40 Jahren ausfüllende schriftstellerische Thätigkeit Lotze's, so kann man mit voller Bestimmtheit behaupten, dass seine Grundansichten sich nicht geändert haben. Es zieht sich vielmehr unverkennbar der Faden einer und derselben einmal unerschütterlich gefassten Grundanschauung durch alle Theile der Lotzeschen Philosophie. Und vielleicht wird es eben diesem Umstande — seinem immer wieder Zurückkommen auf dieselben, so oft schon wiederholten Lieblingsgedanken zuzuschreiben sein, wenn uns Lotze zuweilen den Eindruck macht, als wenn seine Philosophie, von dem grossartigen Aufschwung der Wissenschaften, dessen Zeuge er war, unberührt, in einem engen festgeschlossenen Gedankenkreis gebannt blieb. Ich will nicht leugnen, dass die Stellung sowohl, wie die Lösung mancher Fragen, die den Gegenstand der vorliegenden Untersuchung bilden, dies gewissermassen bestätigen, aber das Ganze seiner Philosophie verdient nicht den Vorwurf der Starrheit, denn ihr innerstes Wesen ist von dem Entwickelungsgedanken so durchdrungen, dass sogar der „lebendigen persönlichen Gottheit", ohne welche seine Metaphysik nicht zu denken ist, eine Selbstentfaltung zugeschrieben wird[2]).

Wohl aber lässt sich, eine allmähliche Erweiterung und Ausbildung seiner psychologischen Ansichten, nachweisen. Und ich sehe es wohl ein, dass eine treue Wiedergabe der Seelenlehre Lotzes alles aufnehmen muss, was er darüber geäussert hat, aber der ganzen Anlage der vorliegenden Untersuchung gemäss, der es mehr auf die Feststellung der reifen Endresultate als auf die Genesis derselben ankommt, ist es mir unmöglich dem vollständig Genüge zu

---

[1]) System der Philosophie, I. Band, Drei Bücher der Logik, Vorwort.
[2]) Kleine Schr. II, S. 198.

leisten. Damit will ich jedoch keineswegs gesagt haben, dass ich mich auf die jüngsten Schriften des Philosophen beschränken möchte; im Gegentheil soll nach Kräften das Baumaterial aus allen Werken herbeigeschafft und alles, was sich in ein einheitliches Bild einreihen lässt, aufgenommen werden. Nur muss ich mir, um den Hauptzweck dieser Darstellung nicht aus den Augen zu verlieren, versagen, jede kleinste Abweichung zu verzeichnen[1]).

II. Kapitel.
Die Stellung der Psychologie.

Die psychologische Forschung muss nach Lotzes Meinung erst dann beginnen, nachdem der Begriff der Seele festgestellt worden ist und darf nicht etwa von der Hoffnung getragen sein, dass die Resultate der Untersuchung uns am besten über die Seele belehren werden, — seine Feststellung an dem Schluss derselben verweisen. Wie sich später herausstellen wird, hält Lotze das letzterwähnte Verfahren für ganz unmöglich, darum ist die Psychologie genöthigt mit Hilfe von anderswoher geliehenen Grundsätzen, vorerst die Natur der Seele zu erklären. Die Metaphysik ist die Wissenschaft, welche nach Lotze's tiefster und mehrfach unverholen ausgesprochener Ueberzeugung diese Principien der Psychologie fertig übergeben soll. Hiermit ist Lotze's Gegensatz zu der heutzutage unstreitig vorherrschenden Richtung in der Psychologie gekennzeichnet; dessen ist er sich auch vollkommen bewusst gewesen und hat ihm, seine eigene Regel vergessend, dass „alle Heftigkeit ihr Ziel verfehlt"[2]), in der Einleitung zu seinem letzten

---

[1]) Anmerkungsweise die Abweichungen zur Sprache zu bringen, hat auch viele Nachtheile. Es würde vor allem das Interesse zersplittern und damit die Einheitlichkeit beeinträchtigen. Dann würden manche Aeusserungen, die für die Genesis der Lotzeschen Philosophie von unschätzbarem Werth sind, denselben fast ganz einbüssen, wenn sie ohne weiteres den besser begründeten Sätzen der reiferen Werke entgegengestellt würden — von den Kleinigkeiten nicht zu reden, die einander ausschliessen.

[2]) Geschichte der Aesthetik in Deutschland, S. 229.

Werke einen drastischen Ausdruck gegeben: „Ich kann meine Ueberzeugung von der inneren Ungesundheit der Bestrebungen nicht unterdrücken, welche von einer psychologischen Zergliederung der Erkenntniss eine Grundlegung der Metaphysik hoffen"; die Darstellungen dieser Art erscheinen ihm zwar „ähnlich den Stimmen der Instrumente vor dem Concert, aber nicht gleich nothwendig und nützlich, denn dort kennt man die Harmonie die man hervorbringen will, hier vergleicht man die einzelnen Leistungen die man entdeckt zu haben glaubt, mit einem Kanon den man erst finden will".[1]) Lotze ist darin mit Herbart einig, dass nicht die Psychologie die Grundlagen der Metaphysik bilden kann, sondern umgekehrt diese die Grundlegung jener[2]) ist. So undenkbar scheint für Lotze eine Psychologie, die auf keiner Metaphysik fusst, so fest hält er an seiner Ueberzeugung, dass sogar wenn ihm Jemand vorgäbe, „eine ausdrückliche Zugrundelegung der Metaphysik abzulehnen", er nicht nur weit entfernt ist, ihm Glauben zu schenken, sondern auch eine „unausgesprochene und darum unüberlegtere Metaphysik" dahinter zu wittern geneigt ist.

Man könnte vielleicht meinen, dass doch keine Nothwendigkeit vorliegt, metaphysische Principien zur Bildung des Begriffs der Seele zu verwenden, dass vielmehr auch eine sorgfältig zu Stande gebrachte „Hypothese" vom Wesen der Seele dieselben Dienste leisten kann und ohne die Gefahren und Missstände des auch „allezeit hypothetischen Charakters"[3]) der Metaphysik. Doch ist das für Lotze, von seinem Standpunkte aus, in Wahrheit nothwendig gewesen, nicht nur weil er die Metaphysik im grössten Gegensatze zu allem Hypothetischen stellen zu müssen glaubt und von ihr nur sichere Erkenntniss erwartet, sondern weil er auch der psychologischen Hypothese dasjenige nicht zu-

---

[1]) Metaphysik, S. 15.
[2]) Ebendaselbst S. 17, vergleiche auch die Rezens. von Vollkmanns Grundriss der Psychologie in den Götting. gel. Anzeigen von J. 1856, S. 519.
[3]) Kl. Schr. II, S. 286 u. 448.
[4]) W. Wundt, Logik. Bd. I, Erkenntnisslehre S. 88.

traut, was an der naturwissenschaftlichen gerade als werthvoll und nützlich geschätzt wird. Doch will ich zuerst seinen allgemeineren, wenn auch wissenschaftlich weniger beweiskräftigen Grund anführen. Es erscheint ihm nämlich zunächst rathsamer, „durch den Rückgang auf die allgemeinsten Vorstellungen, die wir uns über alles Sein gebildet haben, die Grenzen zu bestimmen, innerhalb deren wir uns bald mit Zuverlässigkeit, bald mit Wahrscheinlichkeit bewegen können", „anstatt mit einer aus heiler Luft heruntergeholten Hypothese"[1]), die immer nur kurzweg, bloss für die jeweiligen Bedürfnisse der Erklärung gemacht zu werden pflegt, uns zu begnügen. Ohne dieser ästhetischen Werthschätzung als solcher jede Berechtigung absprechen zu wollen, glaube ich doch nicht, dass sie hier, wo es sich um ganz nüchterne praktische Fragen handelt, bestimmend sein kann. Und dies ist auch nicht richtig, dass die Hypothesen aus der Luft heruntergeholt werden, was der Naturforscher Lotze wohl gewusst, wenn auch der Philosoph keine Notiz davon genommen hat. Das ist es eben, was die Hypothese so fruchtbar und unentbehrlich für die Naturwissenschaften gemacht hat, dass sie ihrer Natur nach, nichts fremdartiges den Erfahrungsthatsachen aufbürdet, was die Psychologie so oft, zu ihrem eigenen Schaden, von der Metaphysik sich musste gefallen lassen. Doch ist Lotze ein unversöhnlicher Gegner der psychologischen Hypothese geblieben, weil er nicht einsehen wollte oder konnte, dass dieselbe sich wirklich nach den Thatsachen der inneren Erfahrung richten könne und den Glauben daran für illusorisch hielt. Die Hypothese ist nach Lotzes Ansicht, nur da fruchtbar, wo es nicht so sehr darauf ankommt, dass sie als die einzig sichere dasteht – den Fall glaubt Lotze in den Naturwissenschaften constatieren zu können; dagegen meint er dass der Nachweis von der einzigen Tauglichkeit einer gewissen Hypothese von dem Wesen der Seele, oder wie ich lieber sagen möchte, der Glaube im Besitz einer solchen zu sein (denn nur das ist uns vergönnt), für den Psychologen dringend

---

[1]) Metaphys. 472.

nothwendig ist¹). Und gleich darauf statuirt Lotze noch einen anderen Unterschied zwischen der Psychologie und den Naturwissenschaften, der mir mehr seiner Lieblingsmeinung als dem objektiven Thatbestande zu entsprechen scheint. „Das Ziel unserer Naturwissenschaften ist immer noch vorherrschend die Berechnung eines unter bestimmten Bedingungen zu erwartenden Erfolges, dagegen geht die Psychologie auf die Entdeckung psychologischer Gesetze."

Nun sind gerade in der Psychologie, meint Lotze, weder richtige Hypothesen vom Wesen der Seele, noch verwendbare Gesetze zu erzielen, wenn sie sich nicht auf etwas höheres als es die Erfahrung ist, stützen. In der Psychologie besitzen wir nicht die der Naturwissenschaft eigene scharfe Beobachtung und feine Messung und können nicht zu solchen Resultaten kommen, die uns auf das wahre Wesen der Seele zurückzuschliessen erlaubten; dies wird es uns ganz unmöglich machen, eine psychologische Hypothese irgendwie zu verificieren und sie nach Thatsachen der inneren Erfahrung und dem Fortschritt der Wissenschaft zu verbessern und nöthigenfalls umzuändern²). So bleibt nichts übrig, als vertrauensvoll den wahren Seelenbegriff aus der Metaphysik in die Psychologie herüberzunehmen. Doch ist das nicht alles, was die Metaphysik der psychologischen Forschung leisten soll, auch die psychischen Gesetze müssen aus ihr stammen, damit sie nicht allen Werth verlieren, denn „welchen Werth hätten psychologische Gesetze, die weder a priori als richtig, noch a posteriori durch eine ganz scharfe und vollständige Coincidenz mit genau beobachteten Thatsachen sich als praktisch erwiesen"³).

Jetzt ist es auch klar warum der Seelenbegriff vor aller Einzeluntersuchung festgestellt werden muss, denn, nach dem bisher gesagten ist diese sammt ihren Resulten für die Feststellung jenes Begriffs absolut werthlos. Es

[1] Kleine Schriften II, S. 479; Streitschriften S. 20.
[2] Vergl. Medicin. Psychologie, S. 10; Mikrok. I, S. 217; Kleine Schriften II, 479.
[3] Rez. von Waitz's Lehrbuch der Psychologie als Naturwissenschaft, Kleine Schr. II, 479.

kommt aber noch ein zweites Moment hinzu, welches, wenn es wahr und unbestreitbar wäre, der vorgetragenen Ansicht allerdings den Sieg verleihen könnte. Eine psychologische Untersuchung ohne einen schon festgestellten Begriff vom Wesen der Seele ist für Lotze wieder eine Unmöglichkeit, denn man darf, nach seiner Meinung, von einer Empfindung nicht reden, ohne die Mitvorstellung dessen, der sie hat, zu erwähnen, ebensowenig als man von einer nackten Bewegung reden kann, ohne der Masse zu gedenken, deren Bewegung sie ist[1]). Eine blosse Empfindung kommt nirgends vor, und alle unsere Vorstellungen u. s. f. sind für uns nichts als Ereignisse, die frei für sich im Leeren schwebten[2]), sondern nur als Thätigkeiten eines Substrates begreiflich. Diejenigen, die von Bewusstsein, von Vorstellungen und Gefühlen und dergleichen sprechen, und die Erwähnung der Seele unterlassen, entfernen sich in Lotze's Augen sogleich willkürlich von dem was in der Erfahrung wirklich gegeben ist[3]); das wahrhaft erfahrungsmässig gegebene ist ihm eine Seele, ein Ich mit einer Vorstellung als einem Zustand und von dieser Beziehung des Zustandes zu ihrem Subjekt darf nicht desswegen, „weil sie räthselhafter ist, abstrahirt werden, um einen scheinbar bequemeren, aber empirisch völlig unverbürgten Anfangspunkt der Untersuchung zu erlangen"[4]).

Doch wir sind immer noch nicht zu Ende. Lotze ist wahrhaft unerschöpflich, zumal wo ihn sein Gefühl die Unhaltbarkeit eines Gedankens voraussahnen lässt. Gegen die Erfahrungspsychologie polemisirend sagt er: „Alle Erfahrung muss, um Wissenschaft zu werden, Principien ihrer Beurtheilung voraussetzen, welche nicht wieder die Erfahrung und das Mikroskop geben können, sondern nur die metaphysische Erkenntniss der Dinge"[5]). Und wenn man

---

[1]) Metaphys. S. 477.
[2]) Mikrokosm. I, S. 172; Metaphys. S. 476 f.; Logik, S. 515: „Es ist nirgends ein Bewusstsein gegeben, ohne die Beziehung auf ein Subjekt".
[3]) Metaph. 476.
[4]) Ebendaselbst 477; Logik 515.
[5]) Selbstanzeige der Medicinischen Psychologie in den Gött. gel. Anz. v. J. 1852, S. 994.

ihm die Existenz dieser richtigen metaphysischen Grundsätze bezweifeln will, oder „auf die Unvollkommenheit der Metaphysik selbst hinweisen, um ihre Unfähigkeit, psychologischen Untersuchungen zur Basis zu dienen, zu zeigen" — so antwortet Lotze, dass sie dies „mit der conkreten Wissenschaft theilt"[1]).

Einige dieser Behauptungen Lotze's sind durch die Erfolge der heutigen wissenschaftlichen Praxis glänzend widerlegt worden und den übrigen stehen schwerwiegende Bedenken, wie auch die Widersprüche, in die sie sich mit anderen Aeusserungen des Philosophen befinden, entgegen. Um gleich mit dem letztangeführten Gedanken anzufangen, so scheint sich Lotze in einem Zirkel zu drehen, aus dem er sein lebelang keine Lust verspürt hat, herauszutreten. Mag er auch darin Recht haben, dass der erfahrungsmässig gegebene Stoff ohne unsere Grundsätze niemals in Wissenschaft verwandelt werden kann, so kann er daraus doch nicht schliessen wollen, dass wir die Principien der Erfahrung fertig entgegen bringen. Und wenn er behauptet, dass sie aus der Metaphysik herübergenommen werden sollen, so ist es wohl erlaubt zu fragen, wo hat denn eigentlich die Metaphysik selbst dieselben her? Die Antwort, sie seien eben das Resultat ihrer Untersuchungen, ist ganz unzulässig, denn diese Untersuchungen hätten doch erst mit Hilfe von Grundsätzen geführt werden müssen, die wahrlich vor aller Metaphysik nicht existirt haben können. Das wird ungefähr die Consequenz der Lotzeschen Ansicht sein und Lotze scheint sie in der That gezogen zu haben und hat sie nur als Waffe gegen andere Richtungen in der

---

[1]) Ebendas. S. 995. — Möge hier zur Ergänzung noch folgendes dienen: Die Basirung der Psychologie auf Physiologie erscheint ihm etwas bedenklich, „solange die sicheren Thatsachen der letzteren so wenig zahlreich sind" (Rez. v. Waitz's Grundlegung d. Psychol. Kl. Schr. II, 287). — Auch mit der experimentellen Psych. hat sich L. nicht ausführlich auseinandergesetzt, aber das Misstrauen gegen die Sicherheit ihrer Resultate, das sich in ihm vielleicht schon in der Zeit festgesetzt haben kann, als dieselbe nur zu den frommen Wünschen gehörte, wiederholt er noch in seinem letzten Werke (Metaph. 471 u. ö.).

Philosophie gebraucht, ohne die Gefahr für seine eigenen Behauptungen geahnt zu haben. Dieser Zirkel ist natürlich nur scheinbar endlos und es sind ganz einfache Dinge, die zu seiner Bildung geholfen haben. Es ist nämlich die stillschweigende Erweiterung der Bedeutung des Wortes „Metaphysik", die sich durch die betreffenden Ausführungen hindurchzieht und sehr willkürlich und irreführend ist. Da scheint Lotze alles „metaphysisch" nennen zu wollen, was aus der Welt des Gedankens stammt, denn nur wenn er diesen unausgesprochenen Hintergedanken in sich gehegt hat, ist es einigermassen begreiflich wie er so rücksichtslos „Erfahrung und Mikroskop" der Metaphysik entgegenstellen konnte, gleichsam als wenn es nichts anderes in der Welt gäbe[1]).

Es giebt wohl keine zweite Frage, wo sich Lotze so unentwirrbar von seiner Lieblingsdisciplin, hätte verstricken lassen, wie in der Frage von dem Verhältniss der Psychologie zur Metaphysik. So widerspricht die Behauptung, dass wir aus den Thatsachen der inneren Erfahrung auf das Wesen der Seele nicht zurückschliessen können, einer Aeusserung auf das deutlichste. Sie lautet: „Eine vollständige Uebersicht der inneren Erfahrung wird gleichwohl der einzige Weg zur Lösung dieser Frage (nämlich der Frage vom unbekannten Wesen der Seele) sein. Wir haben keine andere Einsicht in das Wesen der Seele ausser derjenigen, welche uns die Rückschlüsse von den beobachteten Thatsachen unseres Bewusstseins gewähren."[2]) Wie reimt sich das mit der Forderung, dass der Seelenbegriff sich in der Metaphysik feststellen lassen müsse, welche doch als solche von psychologischen Thatsachen so gut wie nichts wissen kann? Und wie mit der Versicherung, dass die einmal gefasste

---

[1]) Lotze hat sich wohl gescheut, diesen übertriebenen Gedanken auf andere Wissensgebiete anzuwenden. Die Consequenzen seiner Anwendung hätte er wohl selber nicht unterschreiben wollen, denn sie würden nicht mehr und nicht weniger besagen, als dass alle Naturwissenschaft sich auf Metaphysik gründen müsse.
[2]) Mikr. Bd. I, S. 188; ähnlich spricht Lotze auch im Art. „Seele und Seelenleben", Kl. Schr. II, 136.

Ansicht vom Wesen der Seele sich nach den psychischen Erscheinungen nicht richten kann? — Die Forderung aber, dass die Psychologen erst dann an die Forschung herantreten, wenn sie sich im Besitz der einzig wahren Ansicht vom Wesen der Seele glauben, — ist gewiss unhaltbar. Allerdings hat Lotze von anderer Seite her als er es gewollt hat, die Wahrheit ausgesprochen — nämlich dass sich bisher alle Vertheidiger der Seelensubstanz im Besitz der richtigen geglaubt haben. Und in der Psychologie hat es wohl keinen für die exaktere Wissenschaft nutzloseren Streit gegeben, als eben um die grossklingenden Worte vom Wesen der Seele. —

Was die Behauptung betrifft, dass es eine Entfernung von dem thatsächlich gegebenen sei, von Empfindungen, Vorstellungen u. s. w. zu reden, ohne der Seele zu gedenken, so wäre zunächst wünschenswerth zu wissen, woraus Lotze sein „thatsächliches Gegebensein" geschöpft hat. Das naive Bewusstsein kann nicht seine Quelle sein, denn dasselbe spricht überhaupt nicht von „unseren Vorstellungen der Dinge" im psychologischen Sinne des Wortes; es hält dasjenige, was für den Philosophen Vorstellung ist, für ein unmittelbar gegebenes Ding und hat keine Ahnung von der Verschiedenheit beider Begriffe. Lotze kann sich demgemäss nur auf den philosophischen Spiritualismus stützen, der seine eigene vorgefasste Meinung von der Seele nachträglich für eine unmittelbar gegebene Thatsache ausgiebt.

Uebrigens können wir das an dieser Stelle auf sich beruhen lassen und nur noch hinzufügen, dass die Psychologie, indem sie mit reinen Empfindungen, Vorstellungen und Gefühlen operirt, sich wohl bewusst ist, dass das Abstraktionen sind, die in dem geistigen Leben niemals so isolirt von einander vorkommen. Daraus kann Lotze der neueren Psychologie keinen Vorwurf machen, ohne sich mit der gesammten wissenschaftlichen Praxis in Widerspruch zu setzen. Lotze scheint mir hierbei den Unterschied zwischen realer Existenz und begrifflicher Abstraktion nicht genug beachtet zu haben. Dass die erste immer zusammengesetzt ist, dass z. B. die Geschwindigkeit oder die Richtung einer Bewegung niemals für sich, sondern nur an einem Körper existirt, ist eine allbekannte Sache, die Niemand leugnen wird; dasselbe gilt von den letzten, unzerlegbaren Elementen des geistigen Lebens. Es ist aber ein unbestreitbares Recht der Wissenschaft, jeden Bestandtheil eines complexen Gebildes für sich zu untersuchen. Merkwürdigerweise hat Lotze in einer vereinzelt dastehenden Aeusserung[1]) das trefflich erkannt: „Die Psychologie kann nur mit Abstraktionen beginnen, deren Inhalt viel zu einfach ist, um in irgend einer Erfahrung vorzukommen, ja sogar viel zu einfach, um aus der Verwickelung der Umstände, die ein Moment des wirklichen Seelenlebens bilden, sich leicht als deren gesetzgebende Grundlage herausfühlen zu lassen".

III. Kapitel.

Aufgabe und Methode der Psychologie.

Ueber die Aufgabe und die Methode der Psychologie hat sich Lotze nicht mit der nöthigen Ausführlichkeit ausgesprochen. Nur zwei grössere Stellen finden sich in seinen Werken, die genaueres über die Aufgabe der Psychologie enthalten: der Schluss des Art. „Seele und Seelenleben" und die Einleitung in den „Grundzügen der Psychologie".

Nach der ersten[2]) muss eine vollständige Psychologie sich folgende Aufgaben stellen und lösen: 1. Eine dialektische Ableitung der Phänomene des geistigen Lebens und eine Interpretation ihrer idealen Bedeutung für die Gesammtheit des Sinnes der Welt. 2. Eine empirisch und spekulativ auslegende Betrachtung über die Entwickelungsstufen des Seelenlebens beim Menschen und im Thierreich, woran sich die Beantwortung der Frage nach den Grenzen des Seelenreichs anschliessen muss. 3. Eine Darstellung der physikalischen und mechanischen Verhältnisse, an welche wir das Leben der Seele gebunden sehen — Physiologie

---

[1]) Rez. von Drobisch' Grundlegung der mathemat. Psychologie in d. Gött. g. A. v. J. 1852, S. 2024.
[2]) Kleine Schr. II, 203 f.

der Seele. 4. Eine Nachweisung, wie aus dem wesentlichen Inhalte der Idee jeder Seele die specifischen, für sie überall gültigen Gesetze ihrer Wirkungen folgen[1]). Das nennt Lotze Mechanik der Seele, „von der wenigstens zweifelhaft ist, ob sie für alle Geschöpfe die nämliche sein wird", aus Gründen, die später (Kap. VI) zur Sprache kommen werden. 5. Eine Psychologie der Individualitäten, „die bisher den Dichtern überlassen blieb". 6. Eine nur mit Hilfe der höchsten Theile der Philosophie zu erreichende Begründung unserer Ahnungen über das Schicksal der Seelen im Ganzen der Welt.

Ziemlich dasselbe besagt auch die Einleitung in den „Grundz. d. Psych.", wo der Aufgabe gemäss, die Psychologie in drei Theile zerfällt: 1. Descriptive oder empirische (vollständige Darlegung der einzelnen Bestandtheile und der allgemeinen Formen ihrer Verknüpfung), 2. Erklärende, mechanische oder metaphysische (die Natur der Seele, die wirksamen Kräfte und Bedingungen des geistigen Lebens) und 3. Ideale oder spekulative Psychologie (die Angabe des vernünftigen Sinnes und des Berufs der Seele im Ganzen der Welt).

An Weite der Auffassung, die alles bisherige übertrifft, lässt dies nichts zu wünschen übrig. Lotze's eigene Praxis hat nicht alle diese Aufgaben gelöst und er ist sich vollständig bewusst, dass nicht alles, was er verlangt, sich wissenschaftlich ausführen lässt; so vor allem die Ableitung der Aeusserungsformen der Seele aus der Idee derselben, nämlich aus der sittlichen Idee — für die Menschenseele und aus der Instinktidee — für die Thierseele.

Ganz spärlich sind die Aeusserungen über die Methode der Psychologie. Lotze sagt einmal, dass es immer misslich sein wird, eine Methode vor jeder Anwendung zu erläutern, wenn sie nicht wenigstens schon auf ein ganz deutlich umschriebenes Problem bezogen werden kann[2]). Doch hat er's versäumt, an der Hand eines bestimmten Problems

---

[1]) Vergl. auch Art. „Instinkt", Kl. Schr. I, 241. II, 479.
[2]) Rez. von Volkmanns Grundriss der Psychologie, Götting. gel. Anzeigen, vom J. 1856, S. 517.

die Methode der Psychologie genauer anzugeben und begnügt sich mit einigen allgemeinen Bemerkungen. So z. B. dass die psychologische Methode dieselbe sei, wie die der Naturwissenschaften, welche „durch die besondere Natur ihres Gegenstandes sich mit eigenthümlichen Kunstgriffen bereichert haben, so wie die Psychologie eigene Kunstgriffe haben muss". Das angemessenste bleibt ihm „die Psychologie nach psychologischer Methode zu entwickeln, d. h. „ein System des regressiven Erkennens, welche unbefangene und genügende Rücksicht auf die nirgends anderswo wiederkehrenden Eigenthümlichkeiten der psychischen Erscheinungen nimmt"[1]). Mit diesen, im letzten Grunde selbstverständlichen Aeusserungen lässt sich nicht viel ausrichten.

Ueber die neuerdings, besonders von W. Wundt und Volkelt so lebhaft erörterten Fragen von der Rolle der inneren und äusseren Erfahrung und ihrer Bedeutung für die Psychologie, wie auch von den psychologischen Experimentalmethoden findet sich bei Lotze so gut wie gar nichts.

[1]) Ebendaselbst.

Erster Abschnitt.

Die Seele.

IV. Kapitel.

Gründe für die Annahme einer Seele, als ein vom Körper verschiedenes Wesen.

Als natürlicher Ausgangspunkt für die Prüfung der Gründe, die uns zu einer eigenthümlichen Seelenmonade nothwendig führen sollen, dient für Lotze in allen seinen Darstellungen, der „Volksglaube", oder richtiger, die den verschiedensten Volksmythologien zu Grunde liegende Anschauung von der Verschiedenheit der Seele vom Körper. Schon die einfache Thatsache, dass sich alle Sprachen zur Bildung des Wortes „Seele" veranlasst gefunden haben, hat für Lotze eine unermessliche Bedeutung. Nun gibt Lotze immer noch, wenn auch etwas widerwillig zu, dass man dies als allgemeines Vorurtheil ansehen könne, dem kein Einfluss auf unsere Untersuchungen zustehen dürfe, denn es kann wohl „nicht in allen seinen Ergebnissen glücklich sein" und, was noch wichtiger ist, es könnte möglicherweise auf „unrichtigem Wege eine Befriedigung suchen, deren Trüglichkeit sich dem geschärften Blicke der Wissenschaft zuletzt nicht zu entziehen vermag"[1]). Doch ist er in

---

[1]) Mikrokosm. I, 160. Zu vergl. noch Metaphysik 473; Seele und Seelenleben, Kleine Schriften II, S. 4 f. Medicin. Psychologie, S. 9 f. u. öfter. Vergl. die entgegengesetzte, aber wissenschaftlich haltbarere Auslegung des gemeinen Sprachgebrauchs bei W. Wundt: Logik I, 418. — Aber auch Lotze selbst denkt sonst anders über

Wahrheit keineswegs geneigt, diesem Zweifel sich ganz hinzugeben, und eilt ängstlich das obige Zugeständniss zurückzunehmen, indem er weiter sagt, „ein so allgemeines Vorurtheil wird nie entstehen ohne dringende Aufforderungen, die in der Natur der Sache liegen". Auch legt er dieser Volksphilosophie grosses Gewicht bei, wie es nicht anders zu erwarten ist, wenn man sich den Grundcharakter seiner ganzen Philosophie gegenwärtig hält. So seelenvoll, wie sie ist, konnte sie nicht umhin, sich hie und da auf das menschliche Gemüth zu berufen, auf seine „ewig berechtigten Wünsche und Strebungen"¹). So sagt er schon im Artikel „Seele und Seelenleben": „Es wird gewiss eine Zeit kommen, in der man erkennen wird, dass die Entfernung von dem, was die Uebereinstimmung durch theoretische Bedenken unbeirrter Gemüther geheiligt hat, am häufigsten auch eine Entfremdung von der Wahrheit ist"²). Unstreitig wird damit der Wissenschaft und dem gesunden Menschenverstand zu viel zugemuthet aber Lotze's Einseitigkeit wird vielleicht erklärlich und gewissermassen auch gerechtfertigt als Reaktion gegen denjenigen Materialismus, der „den Gipfel der Wissenschaft zu erreichen meint, wenn er mit eigenthümlichem Wonnegefühl gegen alles destruirend wirkt, das der unbefangenen Betrachtung werthvoll ist"³). Trotzdem übt dieses Bestreben Lotzes einen fühlbaren Druck auf die Feststellung seiner Grundansichten; er läuft fortwährend Gefahr, einer von den beiden Anforderungen untreu zu werden.

Die zur Prüfung herangezogenen Gründe für die Annahme der Seele sind: die Freiheit des geistigen Lebens vom äusseren Zwange, seine Unvergleichbarkeit mit

---

die Dienste der Sprache für die Erkenntniss, vgl. Mikrokosm. II S. 237. 250 ff., und besonders Methaphysik S. 347.

¹) „Ueber den Begriff der Schönheit", Kleine Schriften I S. 332.
²) Kleine Schriften II, S. 138. Doch sagt Lotze auch gelegentlich, dass es „jeder Ansicht schwer fallen wird, allen, ihrer selbst so oft ungewissen Anforderungen des Gemüthes zu genügen". Mikrokosm. I S. 300.
³) Kleine Schriften II, ebdas.

den materiellen Erscheinungen und die Einheit unseres Bewusstseins. Den zwei erstgenannten spricht Lotze jede zwingende Beweiskraft ab, nur das dritte behält er als das allein entscheidende Moment bei. Das gewöhnliche Bewusstsein legt dem allerzweifelhaftesten — der Freiheit das grösste Gewicht bei und doch ist die Freiheit nicht nur nichts thatsächlich gegebenes, sondern sie kann überhaupt in der Wissenschaft nicht postulirt werden, ohne damit alle Wissenschaft aufzuheben[1]). Auch die Thatsache, dass äussere Eindrücke, Rückwirkungen der Seele veranlassen, die weder der Form, noch der Grösse nach den ersten entsprechen — auch diese Thatsache darf für die Freiheit des inneren Lebens nicht geltend gemacht werden und zwar auf dem Boden der Lotzeschen Metaphysik weniger als sonstwo. Allerdings könnte er von seinem Standpunkte aus dem geistigen Geschehen eine gewisse von der verlangten freilich ganz verschiedene Freiheit zugestehen, aber sie wird keine vornehme Eigenthümlichkeit der Seele, sondern eine solche, die für alle Dinge gilt. Sie besteht darin, dass kein Element in der Welt eine Wirkung fertig von aussen empfängt, es lässt sie vielmehr allemal frei aus seiner eigenen Natur entstehen, wozu das äussere Geschehen nur eine Veranlassung bildet. Jede Wirkung wird demnach ebensoviel, ja noch mehr „von der Natur dessen bedingt, dem sie geschah, als von den eigenthümlichen Thätigkeiten des Eindrucks, die er in dem leidenden einwirkend und eindringend weckte"[2]). Die Seele sogut, wie jedes andere Wesen, bringt in ihre Erzeugnisse ihre eigene Natur hinein. Auf Lotzes originelle und tiefsinnige Fassung des Problems der Wechselwirkung komme, ich später zurück; hier genügt es kurz anzudeuten, dass Lotze in der Verschiedenheit zwischen dem äusseren Eindruck, dem physikalischen Reiz und der Empfindung nichts

---

[1]) Metaph. S. 474; Mikrok. I, S. 163.
[2]) Mikrok. I S. 162; vgl. noch ebdas. 174; II 158, 308, 316; III 232; Kleine Schr. II 10; Streitschriften 102; Metaphysik 103—110, 116, 359 ff., 446 u. öfter; Logik 192, 518 ff. und noch unzählige male in seinen Schriften.

unerwartetes sieht, sie im Gegentheil als Specialfall von dem Gesetz für die allgemeine Reizbarkeit betrachtet, welches dem lebendigen und dem leblosen gemeinsam ist. Und darin liegt für ihn keine Befreiung von dem Zwange gesetzlicher Wirksamkeit vor, sondern der wahre Begriff dieser Wirksamkeit selbst[1]). Mag es uns immer noch scheinen, dass doch vielleicht ein Unterschied existiren müsse zwischen den Rückwirkungen der Seele und denjenigen anderer Wesen, das beruht doch nur darauf, dass wir „zuweilen das innere Gefüge der Gegenstände kennen, welche der Reiz trifft, und darum seinen Weg und die Verkettung der Rückwirkungen zu verfolgen vermögen, die er fortschreitend anregt; noch öfter sind uns jedoch die inneren Verhältnisse des gereizten unklar und unsere Beobachtung umfasst nur den ersten äussern Anstoss und die letzte Form der endlichen Rückwirkung"[2]). Diesem letzteren Fall gehört die Seele an; weil wir bei ihr die Zwischenglieder nicht kennen, so leugnen wir sie und halten die durchgängige Bedingtheit des geistigen Lebens für unterbrochen. Es sei noch bemerkt, dass Lotze die in Rede stehende Freiheit von derjenigen des Willens scharf unterscheidet und mit der ersten die letztere keineswegs abgewiesen haben will.

Was die Unvergleichbarkeit[3]) der seelischen Erscheinungen mit den materiellen betrifft, so kann uns nichts bewegen, dieselbe zu leugnen oder als undurchführbar und mit anderen, höheren Principien widerstreitend zurückzuweisen, um dann das geistige Leben als dasselbe anzusehen, wie die äussere Welt der Bewegungen. Vielmehr bildet unser inneres Leben ein selbständiges Reich, dessen Eigenthümlichkeit sich aus der Materie als solcher nicht ableiten lässt: kein Materialismus in der Welt vermag es uns vorstellbar zu machen, wie eine Bewegung aufhören kann, Bewegung zu sein und sich in die Pracht des Lichtes und

---

[1]) Mikrok. I 161 f.
[2]) Mikrok. ebendaselbst.
[3]) Allg. Pathologie, S. 43 ff.; Met. 474; Mikr. I, 39, 166; Kl. Schr. II, 7; Med. Ps. 22 ff., 29. Psychologie S. 25.

der Töne umzusetzen; sie bleibt ewig Bewegung, die weder tönen noch leuchten wird¹).

Nun würde aber daraus nur die Berechtigung folgen, für die Seele andere Erklärungsprincipien²) zu brauchen, dagegen würde „übereilt" sein und ein „Ueberschuss an Behauptung"³), wenn man wegen der blossen Unvergleichbarkeit für die Seele ein specifisches, vom Körper verschiedenes Wesen in Anspruch nehmen wollte. Es ist ja nicht unmöglich, dass man die Materie für ein Element hält, das „heimlich etwas besseres ist, als wie sie scheint".⁴) Sie könnte möglicherweise doppeltes Leben führen, als Materie nach aussen erscheinend und keine Fähigkeit verrathend, als die mechanischen Eigenschaften, innerlich dagegen geistig bewegt, den Wechsel ihrer Zustände empfindend und mit Bestrebungen die Wirksamkeit begleitend.⁵) Jedoch weiss Lotze dieser Ansicht nichts entscheidendes entgegenzustellen⁶), „so lange wir auf äusserliche Beobachtung eines fremden Seelenlebens beschränkt wären"; es gibt aber in der inneren Erfahrung noch eine Thatsache, die sich nach seiner Ansicht nur dann begreifen lässt, wenn eine Seelenmonade, die er mit Leibniz auch Centralmonade nennt, vorausgesetzt wird.

Diese Thatsache ist die Einheit des Bewusstseins⁷). Auf sie kommt bei Lotze alles an, denn sie ist einzig berechtigend und zugleich zwingend. Lotze hat seinen eminenten Scharfsinn hier zu Hülfe gerufen; er hat vor allem die Einheit über allen Zweifel festzustellen gewusst, und obendrauf die Frage so zugespitzt, sie mit einer solchen Fülle von Gründen überhäuft, dass die Einheit der Seelenmonade für ihn auch dann nothwendig folgt, wenn sich die Einheit des Seelenlebens als permanente Täuschung herausstellen sollte.

¹) Gött. g. A. 1857, S. 313 ff.
²) Kleine Schriften II, 5 f.
³) Metaphysik S. 475.
⁴) Mikrokosm. I, 169; Metaph. 476.
⁵) Mikrokosm. I, 167 f.; Metaphysik 475 f.; Grundzüge der Religionsphilosophie S. 26 f.
⁶) Metaphysik 476.
⁷) Siehe Grundzüge der Psychologie S. 54 ff.

Wie bestimmt nun Lotze die Einheit des Bewusstseinslebens? Vor allem will er ihr keineswegs den Sinn geben, als wenn ein beständiges Bewusstwerden dieser Einheit uns in unserem Leben fortwährend begleitete, denn thatsächlich existirt nichts ähnliches; aber wenn es auch wirklich existirte, so bekäme seine Theorie, meint Lotze, keine grössere Sicherheit. Die einzelnen Empfindungen und Gefühle „führen eine Hindeutung auf die Einheit unserer Seele in merklicher Stärke keineswegs mit sich", was ganz natürlich ist, denn „jede Kraft hängt von Bedingungen ab, und kann durch ungünstige in ihrer Aeusserung gehindert werden, ohne vernichtet zu werden"[1]. Wir können im Gegentheil in unseren Gefühlen und Bestrebungen gleichsam aufgehen[2]; aber wenn das wirklich geschieht und die Seele ihre Zustände in sich unverbunden und auf einander nicht bezogen enthält, „ohne sich ihrer als blosser Zustände ihrer eigenen Substanz bewusst zu werden", so ist daraus nichts gegen die Einheit des Bewusstseins überhaupt zu entnehmen. Denn woher wissen wir, dass in einem Augenblick unsere Vorstellungen in vager Verbindung waren? Kann der Blindgeborene, der das Himmelslicht nie sah, dasselbe vermissen? Offenbar können wir uns zu der Bewusstseinseinheit nicht so verhalten, wie der Blindgeborene zum Lichte, sondern wie der Erblindete. Gerade die Thatsache, dass wir nachträglich das Vorhandengewesensein solcher Fälle gewahr werden können, beweist ihm am stärksten, dass wir ihr Gegentheil kennen müssen.[3] In den „Grundzügen der Religionsphilosophie" heisst es: „die Bedingung der Möglichkeit eines Selbstvergessens ist die Persönlichkeit"[4]. Die Einheit des Bewusstseins ist eine so feststehende Thatsache der inneren Erfahrung, dass jede psychologische Theorie, welche sie nicht zu erklären vermöchte, sich als unmöglich erweisen wird[5]. Und wie gesagt, ist

---

[1] Mikrokosm. I 172 ff.; Metaph. 477; Kleine Schr. I 137.
[2] Grundzüge der Religionsphilosophie, II. Aufl. S. 29.
[3] Medicin. Psychologie, S. 15; Mikrok. I 174; Metaph. 477.
[4] S. 30.
[5] Rez. von Pflügers Sensorischen Funktionen des Rücken-

das Fehlen dieser Einheit kein Beweis dagegen, wohl aber dafür; noch mehr aber die Fähigkeit der Seele überhaupt „eine Mannigfaltigkeit in die Einheit eines Bewusstseins zusammenzuziehen", ja „nur eine Vergleichung zweier Vorstellungen" auszuführen, sie gleich oder ungleich zu finden — „setzt nothwendig die Untheilbarkeit dessen voraus, dem diese Leistung gelingen kann"[1]). „Jenes aktive Element, welches von einem zum anderen übergehend, beides bestehen lässt, aber sich der Grösse, Art und Richtung seines Uebergehens bewusst wird, dieses eigenthümlichste Band zwischen dem vielfachen kann unmöglich selbst ein vielfaches sein; wie alle Wirkungen überhaupt nur in der Einheit eines untheilbaren Wesens, in der sie sich treffen, verbunden werden, so erfordert noch mehr diese besondere Weise mannigfaches zu verknüpfen, die strenge Einheit des Verknüpfenden"[2]).

Hiermit ist die Einheit des Bewusstseinslebens festgestellt, ohne dass man nach dem Grunde, nach der Möglichkeit des Zustandekommens dieser Einheit weiter gefragt hätte, und zwar auf eine Weise, die viel Aehnlichkeit mit dem Kunstgriffe besitzt, durch welchen Descartes die eigene Existenz über allen Zweifel zu erheben gesucht hatte[3]). Nun fragt es sich aber: Was ist der Grund davon? Die kürzeste Antwort darauf wird lauten: nur durch das Vorhandensein eines besonderen, einheitlichen Seelendinges, denn nur seine eigene Einheit kann der unabsehbaren Menge der Geistesphänomene einen festen Zusammenhalt verleihen.[4]) Bevor wir jedoch die Begründung seiner eige-

---
markes ... in der Götting. gelehrten Anzeige von Jahr 1853, III. Bd., S. 1750.
[1]) Metaphys. S. 478, 186, 482; Mikrok. I 173 f.; zu vergl. noch die Rez. v. Volkmanns Grundriss der Psychologie in den Götting. gel. Anzeigen vom J. 1856, Bd. I S. 521.
[2]) Mikrok. I 185 f.
[3]) Vergl. Kuno Fischers Geschichte der neueren Philosophie, des I. B. erster Theil, III. Aufl. S. 293 u. 300.
[4]) Lotze nennt gelegentlich die Seele auch ein einfaches Wesen, doch muss seine „Einfachheit" von derjenigen Herbarts verschieden aufgefasst werden — der Zahl, nicht der Natur nach.

nen Ansicht kennen lernen, schicke ich in der Kürze die Widerlegung der entgegenstehenden, nämlich der Versuche, die Bewusstseinseinheit aus dem Zusammenwirken vieler einzelner Wesen zu erklären, voraus. — Den echten Materialismus, die Construktion des Seelenlebens überhaupt und seiner Einheit insbesondere aus denjenigen Eigenschaften der Materie, die ihr die Physik beilegt, hält Lotze einer Widerlegung nicht werth und mit Recht. Die Frage kann nur sein, ob aus dem Zusammenwirken solcher Atome, denen das geistige Leben als Ureigenschaft zukommt, oder auch solcher, die nur geistiges Leben führen, d. h. zu Monaden geworden sind, die Einheit des Bewusstseins entspringen kann, „so wie zwei Bewegungen von verschiedener Richtung sich zu einer dritten, völlig einfachen, vereinigen, in der keine Erinnerung mehr an den Unterschied ihrer beiden Ursprünge enthalten ist"[1]). Vor allem findet Lotze an der Analogie selbst zu tadeln; sie beruht ihm auf einer „Vagheit und Laxheit" des Ausdrucks, wodurch die Hauptsache vermieden und ausgelassen wird. Nicht von zwei Bewegungen „schlechthin" spricht die Mechanik, „sondern von solchen, die aus einem und demselben Mittelpunkte ausgegangen sind". Es hilft nichts, wenn die Atome geistige Wesen sind, denn jede Empfindung wird nirgends zu suchen sein, als in dem Innern jedes einzelnen Atoms", und die Empfindung, das Gefühl, überhaupt das Bewusstsein wird so viele mal vorhanden sein, als es Atome giebt, ein Gesammtbewusstsein, unser Bewusstsein wird nirgends entstehen, „es sei denn, dass ausser ihnen allen ein bevorzugtes Wesen hinzugedacht wird, auf welches alle ihre innere Zustände übertragen; dann wird dieses die Seele eines solchen Körpers sein"[1]). Man sieht, dass die allgemeine Beseelung der Welt, die sonst gerade darum postulirt wird, um keinen Sprung von der todten Materie zum Seelenleben zu machen, unserem Philosophen für diese Frage ganz nutzlos sein muss, wenn er sie gleich aus

---

[1]) Mikrokosm. I 176 f.
[2]) Mikrokosm. I 180 ff.; zu vergl. noch ebdas. 399; Medicin. Psychol. 16—18; Metaph. 478—480; Kleine Schr. II 13—15.

anderweitigen Gründen nicht entbehren mag, ja sogar grundsätzlich verlangt. Hier tritt jedoch ein anderer Grundsatz entgegen, wonach der Seele ganz gleichgültig sein wird, ob ihr die Empfindung von einem selbst empfindungsfähigen Elemente zukommt oder nicht; die Seele wird sie immer von neuem erzeugen müssen, ohne einen Vortheil von der Natur ihrer Nachbarn oder die Ersparniss der Arbeit der Selbsterzeugung erwarten zu können[1]). Dieser Umstand kann es uns vielleicht erklärlicher machen, warum Lotze mit so sichtlicher Vorliebe von einer Gegensätzlichkeit zwischen Seelen- und Körpermonaden spricht, und zwar nicht bloss in den älteren Schriften, sondern auch in der „Metaphysik". Qualitative Verschiedenheit kann er allerdings nicht postuliren, ohne in einem zu grellen Widerspruch mit sich selbst zu gerathen, aber man merkt ihm sehr deutlich den Widerwillen gegen die eigene Consequenz an, zumal wenn er jeden kleinsten Zug benutzt, um die Seele doch etwas anders erscheinen zu lassen, indem er sich bald auf ihren Herrschertitel beruft, bald sie in völliger Sonderung den gleichartigen, aber dienenden Monaden[2]) entgegenstehen lässt, bald sie „eigenthümlich", oder gar „anders geartet" nennt.

Aus dem bisherigen hat sich wohl ergeben, dass die Einheit des Seelenlebens, „ohne welche wir nicht einmal Gegenstand unserer eigenen Selbstbeobachtung werden können"[3]), ein Resultat von Zusammenwirkung mehrerer Wesen nicht sein könne, sondern nothwendig ein „specifisches" Seelenwesen verlangt, dessen erste Eigenschaft seine Einheit und Einzigkeit sein müsse[1]). Indem nun

---

[1]) Vergl. Mikr. I 316 ff. und an unzähligen Stellen.
[2]) Mikr. I 182.
[3]) Ebdas. 170.
[4]) Es ist vielleicht hier der Ort, darauf hinzuweisen, dass Lotze, um die Untheilbarkeit (Medicin. Psychologie 464 u. öfter) der Seele zu retten, und vor einigen physiologischen Thatsachen, (unter anderem auch den Reflexbewegungen, die er alle ohne die Gegenwart einer Seele nicht begreifen kann) nicht rathlos stehen zu müssen, sich genöthigt sieht, zu der allerdings unwiderlegbaren Möglichkeit einer Vielheit von Seelen im Körper, zu flüchten. Die

Lotze auf diese Weise die Einheit der Seele in so enge
Verbindung mit der Einheit des geistigen Lebens bringt,
könnte es scheinen, als wenn er das erstere aus dem letzteren folgern wollte und damit einen ontologischen Fehl-
schluss begehen, wie ihn Herbart, trotz Kants Paralogismen
der reinen Vernunft, an die Spitze seiner Psychologie gestellt hatte. Doch ist dies in Wahrheit bei unserem Philosophen keineswegs der Fall; er hat der Frage eine solche
Wendung gegeben, dass ihn Kants Pfeile — das muss
man allerdings zugestehen — gar nicht treffen können.
Wahr ist nur dies, dass Lotze sich die Bewusstseinseinheit
ohne die Einheit ihres Substrates nicht denken kann, aber
nicht durch einen Schluss vom Begriff auf die Sache¹) will
er sie feststellen. Nicht auf die Thatsache will er bauen,
dass wir uns als solche Einheit erscheinen, denn er sagt
ausdrücklich, „geschehe es, dass sich die Seele selbst als
eine Vielheit vorkäme, so würden wir aus demselben Grunde
schliessen, dass sie sich darin unstreitig irre".²) Der Grund
davon ist in seiner Metaphysik zu suchen und hier muss
ich etwas dem Lauf der Darstellung vorgreifen und einige
Bestimmungen, die dem folgenden Paragraphen vom Wesen
der Seele angehören, schon jetzt anführen. Die Fähigkeit des Wirkens und Leidens, überhaupt die Fähigkeit,
„sich etwas erscheinen zu lassen", gesteht Lotze nur einer

Einheit des Seelenlebens ist damit nicht gefährdet, da die eigent-
liche Seele, unsere jedesmalige Seele alle anderen in den Schranken hält. Nur wenn der Polyp in Stücken getheilt worden ist,
oder dem Frosche der Kopf abgehauen worden ist, nur dann be-
freien sich die untergeordneten Seelen von dem Despotismus der
Centralseele, um bereichert durch ihr bisheriges Leben, auf kurz
oder lang ein Selbstständiges Dasein zu führen. (Man vergl. hierzu
die Rez. von Pflüger's Sensorischen Funktionen u. s. w. in den
Gött. gel. Anz. von Jahr 1853, III. B. Seite 1739, 1749 u. a.;
Streitschriften 128 f.; Medicin. Psych. 168 f.; Mikrok. I 170, 380).

¹) Lotze erwähnt selbst in der Metaphysik, S. 480, dass ihn
Fechner so missverstanden hat; später hat es auch J. B. Meyer
in seiner „Psychologie Kants", trotz den unzweideutigen Ausführungen im ersten Bande des Mikrokosmus (S. Kants P's., Berlin,
1870, Seite 310 u. öfter) gethan.

²) Metaph. 482; Medicin. Psychologie S. 490, u. Mikr. I 174 f.

untheilbaren Einheit zu, und das ist zugleich dasjenige, dem Lotze den „Titel" Substanz[1]) giebt, vorläufig ohne alle Nebengedanken. Diesen Titel hat eine Seele allemal damit verdient, dass sie leidens- und wirkungsfähig ist, nicht umgekehrt, d. h. ihr Substanz-sein kann nicht „im mindesten den Grund, das Mittel oder die Ursache bedeuten, aus dem erst diese Leistung begreiflich werden soll"[2]). Soviel ich Lotzes Bemühungen verstehe, kommt ihm alles darauf an, den Schluss, den alle bisherigen Theorien von der Substanzialität der Seele gemacht haben, irgendwie zu vermeiden. Darum sagt er vielleicht in seinem letzten Werke, sichtlich darauf zielend: „Die Thatsache der Einheit des Bewusstseins ist es, die eo ipso zugleich die Thatsache des Daseins einer Substanz ist"[2]), nicht aber auf eine solche, wie auf die Bedingung ihrer Möglichkeit erst durch einen Schluss zurückgeführt zu werden braucht. So hat Lotze den Schluss zu vermeiden gesucht, aber der Tadel muss bestehen bleiben. Denn der Kunstgriff, womit der ontologische Schluss vermieden werden sollte, scheint mir offen zu Tage zu liegen. Indem die Frage tiefer in die Metaphysik hineinverschoben worden ist, wird der Schluss auf diese Weise ausserhalb der Psychologie gemacht, oder genauer zu reden, um dasjenige was man braucht, nicht erschliessen zu müssen, legt man es schon vorher hinein. Dies scheint mir der wahre Sinn der Umschweife zu sein, wonach die Einheit der Seelenmonade zwar nicht aus derjenigen des Seelenlebens folgen, wohl aber nur die erstere im Stande sein soll, die Bewusstseinseinheit hervorzubringen.

---

[1]) Es ist nicht ohne Interesse zu sehen, wie die Lotzesche Definition bis auf die sprachliche Bezeichnung mit dem übereinstimmt, was Plato als Merkmale der Ideen, des wahren Seins im Gegensatz zum Scheindasein der Sinnenwelt anführt: „die Kraft zu wirken und zu leiden". S. Schleiermachers Übersetz. der Rep. im XXVII. B. der philos. Bibliothek Kirchmanns, Seite 257 (Par. Ausg. 477); zu vergleichen Zeller's Philosophie der Griechen, II. B., Abtheil. I, Seite 575, Anmerk. 3 und S. 622 (der dritten Aufl.).

[2]) Metaph. 481; zu vergleichen noch ebendas. S. 120, 486 u. ö.; Medicin. Psych. 69; Mikrokosm. I 175 f., 178 ff.; Grundzüge der Metaphysik, 23.

Es seien mir gleich hier noch einige kritische Bemerkungen gestattet. — Hat Lotze in der That die Nothwendigkeit eines Seelendinges erwiesen, wie es beim ersten Blicke scheint? — Nein. Alle seine Untersuchungen hat er geführt, um angeblich das allgemeine Sprachvorurtheil zu prüfen, in Wahrheit aber um sich dasselbe so schnell wie möglich anzueignen. Nirgends ist die Frage ernstlich aufgeworfen worden, ob die Psychologie so wie die Physik ohne weiteres nach einem Substrat zu fragen hat. Es wäre hier nicht angebracht, den Ausführungen Lotze's andere positive entgegenzustellen, aber soviel gehört unzweifelhaft hierher, dass keine Psychologie heutzutage versäumen darf, sich des gewaltigen Unterschiedes bewusst zu werden, der zwischen ihrem eigenen Standpunkt und demjenigen der Naturwissenschaften obwaltet. Lotze hat nämlich nirgends den Standpunkt der äusseren Erfahrung und denjenigen der inneren unterschieden[1]) und hätte es vielleicht bei seiner der Erkenntnisslehre so feindlichen Richtung nicht thun können. Aber diese Versäumnis ist einer der verhängnissvollsten Mängel für seine Psychologie geblieben.

Dann ist es unbegreiflich, wie sich Lotze sogar in seiner letzten Schrift auf tiefsinnige philosophische „Ahnungen" des Gemüths berufen konnte und dem Worte „Seele"[2]) noch so grosses Gewicht beilegen, in einer Zeit, wo die wissenschaftliche Forschung die prosaischen, nichts weniger wie ahnungsvollen Motive zur Bildung desselben an's Licht gestellt hatte. Wie ganz anders nehmen sich die abergläubischen Mythen der Naturvölker aus, als man nach Lotze's Ansicht erwarten sollte!

---

[1]) Vergl. Wundt's Grundz. d. physiol. Psychol. III. Aufl., II. Bd. S. 543 u. ff.

[2]) Ich möchte hier die Etymol. des bulgarischen Wortes „Seele" und damit zugleich die bulg. „Volksphilosophie" erwähnen. Da existirt zwischen Geist und Hauch (= duch, das Verbum blasen = duch-am) gar kein Unterschied; und die Worte „Seele" und „athmen" (duscha, disch-am) stammen von einem und derselben Wurzel wie die ersten beiden. Auch ist unter der bulgarischen Volksmasse nicht selten zu hören, dass die „Seele" nur im Winter sichtbar sei!

Aber ob die Einheit des Bewusstseins dann für gesichert gelten kann, wenn wie in diesem Falle eine einzige Seelensubstanz angenommen wird. Seltsamerweise hat Lotze in allen Untersuchungen darüber eine sehr einfache Thatsache übersehen: nämlich, dass unser Seelenleben sich auch dann, wenn es einem Wesen anvertraut worden ist, nicht einheitlich gestalten müsse, oder wenigstens thatsächlich nicht gestaltete. Wenn diese Einheit des Substrates wirklich dazu genügte, so dürfte die Einheit des Seelenlebens niemals aufgehoben werden, da das Seelending als untheilbares Wesen ewig eines bleibt. Man weiss jedoch, dass die Geisteskrankheiten gerade das Gegentheil von der Einheit des Bewusstseins darbieten, — was mir den Schluss zu erlauben scheint, dass dieselbe auch im gesunden Zustande nicht von der Einheit der Seele abhängig gewesen ist. Wenn das Bewusstsein selbst nicht ein Hilfsmittel enthielte, — mag man es Apperception oder sonst wie nennen, — so könnte ihm wahrlich Nichts in der Welt helfen seine Einheit zu bewahren[1]).

V. Kapitel.

Natur und Vermögen der Seele.   Lotzes Substanzbegriff.

Schon in den ersten metaphysischen Problemen, in den Begriffen des Seins und der Substanz entfernt sich Lotze gewaltig von denjenigen Philosophen, mit denen er sonst die meisten Berührungspunkte aufzuweisen hat: von Leibniz und Herbart. Lotze kehrt ihre Auffassung geradezu um: das reine Sein bekämpft er auf Schritt und Tritt und setzt an seine Stelle ein beziehungsreiches Sein, das niemals für

---

[1]) Lotze's gegen Herbart gerichtete Worte: „die Einheit der Seele als Substanz begründet noch lange nicht die Einheit des Bewusstseins" (Kl. Schr. II, 182; Mikr. I, 250) könnten dies zu entkräften scheinen, doch können sie sich nur auf den Schluss von dem ersten auf das zweite beziehen, denn alles was ich bis hierher aus L. angeführt habe, behauptet einen festen Zusammenhang zwischen den beiden Thatsachen, nur ist er, so zu sagen, nicht syllogistisch, sondern causal zu fassen.

sich und stets in Wechselwirkungen mit allem steht¹), an die Stelle der starren, ewig sich selbst gleichen Substanzen — solche, die vor allem andern verändert sein wollen. — Hier wird uns nur Lotzes Seelenbegriff beschäftigen, doch gilt dasselbe von seinem Substanzbegriff überhaupt, da sie auch bei Lotze mit einander und mit dem Dingbegriff zusammenfallen.

Zwar spricht Lotze sehr viel und sehr oft von dem Wesen der Seele, doch ist der positive Gewinn der zahlreichen Ausführungen sehr dürftig. Am öftesten begnügt er sich damit, uns alle Möglichkeiten der Lösung und die Schwierigkeiten einer jeden vorzuführen, oder nachzuweisen, wie die Seele nicht gedacht werden darf und warum sie nicht so gedacht werden kann.

Ueber das Wesen der Seele theoretische Aufklärungen zu verlangen, findet Lotze unzulässig, weil es völlig unbegreiflich sei, wie man nach dem Was eines Wesens fragen und es doch in etwas anderem finden wolle, als in dem, was dieses Wesen ist und thut²). Denn jede Seele ist, als was sie sich giebt: in bestimmten Gefühlen und Bestrebungen lebende Einheit³). Unsere Seele ist ja die einzige Realität für uns, das einzige Wesen, dessen Inneres wir kennen und die es uns überhaupt erst möglich macht, zu begreifen, was „sein" heisst; nur weil wir selbst es erleben, wissen wir, wie es einem Seienden zu Muthe ist. Nicht nur, dass mit ungeistigen, leblosen Elementen, die schon an sich etwas „undenkbares und widersinniges"⁴) für Lotze sind, sich die geistige Welt niemals erklären lässt; wohl aber ist umgekehrt, die Seele es allein, die als etwas selbst-

---

¹) Ueber den Begriff des Seins ist besonders Mikr. III, 465 ff.; Metaph. 27 u. ff. zu sehen.
²) Metaph. 486; Mikrok. I 213.
³) In den „Grundzügen der Religionsphilosophie" erklärt Lotze folgendermassen, wie man in der Gesch. der Philos. überhaupt auf die Frage gekommen ist: „Die endlichen Geister sind Bruchstücke des Absoluten, darum, wenn sie auf sich reflektiren, stets einen dunklen Kern in sich zu finden glauben — und das ist die Seele", S. 45.
⁴) Mikrok. I 407 u. öfter.

ständiges existiren kann, denn sie ist einzig „im Stande, eigene Zustände zu haben, welche unmittelbar nicht Zustände des Absoluten sind"[1]). Sie gehört zu jenen Realitäten, die von der absoluten Idee als wesentliches Glied ihrer eigenen Entwickelung gefordert wird[2]) und damit erst wahrhaft „existirbar" wird[3]). Damit ist es schon gesagt, dass wir von jedem realen Wesen dasjenige verlangen müssen, was wir in uns finden; dies wird zugleich das Was, das Sein der Seele ausmachen. Nun finden wir in uns verschiedenartige Gebilde, die nicht alle als gleich ursprüngliche Merkmale des Seelenlebens angesehen werden können. Kant, Leibniz, Hamilton, Herbart und alle Intellektualisten hatten das Vorstellungselement für den niemals fehlenden Bestandtheil des Seelenlebens erklärt; Lotze erklärt das Gefühlselement[4]) dafür. Das Gefühl ist es, welches dem „armseligsten Wesen es unmöglich macht, sich mit der Aussenwelt zu verwechseln".

Worin die Seele besteht, kann uns also nicht zweifelhaft sein, wir kennen es alle, weil wir's unmittelbar erleben. Etwas anderes ist es jedoch, wie dieses Was der Seele begrifflich zu fassen ist und nur dies kann die Frage sein.

Sie ist vor allem ein übersinnliches Wesen, was man auch nicht als Punkt bezeichnen darf, denn sie ist absolut unräumlich und kann auch nicht auf räumliche Weise verneint werden[5]), aber als Substanz ist sie wie alle anderen

---

[1]) Grundz. der Religionsphilos. S. 61.
[2]) Kleine Schriften II, 198.
[3]) Medicin. Psychol. 153. 159. Zu der Postulirung der allgemeinen Beseelung kommt Lotze auf zwei verschiedenen Wegen. Zuerst weil wir das Fehlen derselben nirgends beobachten können; höchstens können wir die uns geläufigen Aeusserungsformen vermissen, was uns nicht berechtigt, auf das Fehlen des geistigen Lebens selbst zu schliessen (vergl. hierüber Med. Psych. 131 ff.; Kleine Schr. II 505—510 u. a.); dann aber auch, weil „alles realisirbare Gut realisirt sein muss", und weil es der Begriff der lebendigen Gottheit fordert. Vergl. Mikr. 1 399, 408; III 525, 531 u. a. Metaph. 186.
[4]) Kl. Schr. II, 209; Med. Psych. 564; Mikr. III, 525.
[5]) Metaphys. S. 547.

ein des Wirkens und Leidens fähiges Wesen. Aus diesen Substanzeigenschaften folgen für die Seele alle anderen. Die Einheit ist schon erwähnt worden; die Einfachheit weist Lotze zurück, denn „die Seele muss der Veränderung fähig sein", wogegen ein einfaches Wesen, oder, wie Herbart will, eine einfache Qualität, das nicht zu leisten vermag. Die Veränderlichkeit der Seele wird aber nothwendig von ihrer Leidens- und Wirkungsfähigkeit erfordert, denn wenn die Seele Wechselwirkungen austauschen soll, so kann sie z. B. in dem Moment, wo sie eine Einwirkung empfangen hat, nicht dieselbe sein, wie vorher. Die Veränderlichkeit könnte möglicherweise aus der ganzen Welt entfernt werden, von den äusseren Dingen kann man wenigstens mit einem Schein von Wahrheit behaupten, dass sie thatsächlich in ewiger Ruhe beharren, und dass nur unsere Sinne uns illusorische Veränderungen vorspielen. Wie verhält es sich nun mit demjenigen, was diese Illusionen hat? Es muss nothwendig veränderlich[1]) sein, muss bald diese, bald jene Illusion wirklich haben, denn man kann nicht in's unendliche neue Täuschungen hineinschieben und etwa sagen: es täuscht sich, wenn es sich zu täuschen meint[2]). Lotze folgert die Veränderlichkeit der Seele auch daraus, dass sie überhaupt „dazu da ist, die veränderliche Mannigfaltigkeit der Erscheinungen aus sich entspringen zu lassen"[3]). Näher ist die Veränderlichkeit nicht als eine regellose und unendlich fortschreitende zu denken, sondern als eine solche, deren Glieder zusammengehörige Theile eines Systems bilden und mit grösster Consequenz aus einander folgen[4]), oder mit anderen Worten, die Veränderungs- oder Entwickelungsreihe eines Dinges drückt eine Gesetzmässigkeit aus. Darum nennt Lotze das Wesen eines Dinges auch

---

[1]) Dass die Veränderungen nur intensiv sein können, versteht sich von selbst. S. Gött. gel. A. v. 1859, S. 924.
[2]) Metaph. 74 ff.; Med. Psych. 154 u. a. — „Die Seele kann, anstatt ein Fixstern zu sein, ein Planet sein, während die „Vorstellungen als Monde um ihr kreisen". — Gött gel. A. v. Jahre 1856, S. 520.
[3]) Mikrokosm. II, 166.
[4]) Grundz. d. Metaphys., S. 31, 33.

das Gesetz seiner Verhaltungsweise[1]) und will darunter nicht, wie der gewöhnliche Sprachgebrauch, die „abstrakte, wesenlose" Vorschrift, sondern die wirkliche Reihe in den Zuständen der Dinge, wo es herrscht, verstanden wissen. Für jedes einzelne Ding wird dann das Gesetz völlig individuell sein, so wie in jeder Reihenfolge der Töne einer Melodie ein völlig individuelles Gesetz ästhetischer Folgerichtigkeit herrscht"[2]).

Sprachlich kann das Gesetz der Verhaltungsweise der Seele nicht durch einen Begriff, sondern nur durch eine Idee, oder, wie Lotze lieber sagt, durch einen Gedanken ausgedrückt werden, weil der deutsche Ausdruck präciser einen Inhalt bezeichnet, „welcher in den verschiedensten Dingen eingehend, ein Schicksal, ein Ereigniss bedeutet, das um seines eigenen Wesens willen werthvoll ist und seine Bedeutung nicht von dem enthält, dem es zustösst"[3]). Natürlich bedeutet hier der Ausdruck „Gedanke" nicht, dass die Seele und die Dinge überhaupt Produkte, Erzeugnisse eines denkenden Wesens sein sollen, sondern ihre Natur muss so beschaffen sein, dass, „wenn es überhaupt eine Erkenntniss seines Inhaltes gäbe, diese adäquat nur in der Form eines vielerlei Einzelvorstellungen in bestimmter Beziehung zu einem Gesammtsinn vereinigenden Gedankens ausführbar wäre"[4]). Nur durch eine Idee ist es möglich, „den vollen Inhalt der Seele in dem Sinne zu sehen, welcher sich durch die verschiedensten Formen und auf die verschiedenste Weise verwirklicht"[5]). Diese Fassung des Wesens der Dinge ist, so viel ich weiss, eine echt Lotzesche Erfindung und wenn sie auch so, ausserhalb des Systems etwas befremdlich erscheint, so steht sie doch in engster Verbindung mit seinem Begriff des Seins. So nennt Lotze „das Reale" eine „auf unbegreifliche Weise in der Form

---

[1]) Metaph. 65 ff.
[2]) Ebendas. 75.
[3]) Metaph. 173; Art. Begriff der Schönheit", Kl. Schr. I, 309 ff.; Grundz. d. Metaph. 39; Mikr. II, 168.
[4]) Mikr. III, 518 fl.; I, 188; II, 157.
[5]) Mikr. ibid.

wirkungsfähiger Selbstständigkeit gesetzte Idee"[1]). — Was die Bildung der Idee eines Dinges betrifft, so wird sie gerade so geschehen, „wie durch das Hin- und Hergehen das Nachdenken in uns aus der Mannigfaltigkeit der Reihenfolge der Elemente eines Gedichts die Einheit seiner poetischen Seele wiedererzeugt wird"[2]), d. h. aus der Beobachtung der Zustandsänderungen eines Wesens. So werden wir die Idee des Menschen haben wenn wir den Gedanken fassen, zu dessen Realisirung er berufen ist; dieser Gedanke wird zwar an keine bestimmte Reihe von Merkmalen gebunden sein, wohl aber den Grund enthalten, warum der Mensch eine räumliche Erscheinung ist, warum er ein zusammengesetzter Organismus und der Culminationspunkt der Thierreiche sein muss[3]). Diese Vollkommenheit der Erkenntniss mag zwar immer ein frommer Wunsch bleiben, das wird aber seine Bedeutung nicht beeinträchtigen, denn er bezeichnet bloss das Ideal einer durch und durch deduktiven Psychologie, wie sie Lotze vorschwebt: wenn wir das Wesen unserer Seele so zu erfassen vermöchten und es in einer vielgliedrigen Idee auszudrücken, so würden wir daraus alles ableiten können, sowohl die Aeusserungsweisen der Seele, wie auch den Verlauf des geistigen Lebens, ja sogar den Weg, den die Associationen nehmen sollen[4]), im Voraus bestimmen.

Ich gehe zu einer kurzen Darstellung der Vermögenstheorie Lotzes. Er unterscheidet vor allem ursprüngliche, angeboren genannte Vermögen der Seele und stellt ihnen die erworbenen gegenüber. Durch die ersteren wird ein unmittelbares Besitzthum der Seele bezeichnet, sie alle erfordern eine specifische Anlage, eine eigenthümliche Fähigkeit; hierzu gehört ausser den gewöhnlich angenommenen, noch eine vierte, nämlich die Fähigkeit der Seele

---

[1] Mikrok. II, 160. Man vergl. zu dieser Frage Mikrok. II, 167, 145 ff.; Grundzüge d. Metaph. 20, 25; Med. Psych. 159; Mikr. III, 512 f.
[2] Mikr. II, 167; Metaph. 173 u. ö.
[3] Mikrok. II, 168.
[4] Kleine Schr. II, 115; Med. Ps. 149.

räumlich wahrzunehmen¹). Dagegen entstehen die erworbenen, z. B. die Einbildungskraft u. a. aus der Combinirung und Wechselwirkung der ursprünglichen, ohne dass eine besondere Beanlagung der Seele dazu nöthig wäre²). — Diese Vielheit der Vermögen widerspricht jedoch keineswegs der Einheit der Seele, denn sie bilden nicht etwa von einander unabhängige Entwickelungsreihen³), sondern sie stellen alle zusammen nur verschiedene Aeusserungsweisen des einen Wesens der Seele dar⁴). Man darf nicht meinen, dass die Seele bald in einem, bald in anderem ihrer Vermögen existirt, noch dass sie sich einseitig z. B. nur in Vorstellungen äussert, während ihre anderen Theile schlummern; sie ist im Gegentheil immer ganz und ungetheilt thätig, ohne dass sie sich in irgend einer ihrer Aeusserungsweisen erschöpfte⁴).

Dies hat Lotze im ausgesprochenen Gegensatze zu Herbart ausgeführt, dessen Theorie er oft und mit überlegenen Gründen bekämpft, doch ohne seine Verdienste gerade für diese Frage zu unterschätzen. Er erkennt es willig an, dass Herbart mit seiner Reaktion erst die wahrhafte Befreiung von derjenigen Vermögenstheorie angebahnt hat, die weit entfernt eine wirkliche Erklärung von etwas zu geben, sich einbildete, alles gethan zu haben, sobald sie nur die verschiedenen Geisteserscheinungen reinlich in Gruppen und Abtheilungen geborgen hatte⁵). Trotzdem meint Lotze, dass Herbart und seine Schüler in der Hitze des Gefechts zu weit von der Wahrheit sich verirrt haben, so dass er ihrer Einseitigkeit gegenüber lieber die Mängel der ungeschickten Ausführungen der alten Vermögenstheorie vorziehen möchte. Herbart hatte alles aus den Vorstellungen ableiten wollen und doch hat er in Wahrheit jedes neue Vermögen, jedes neue Element nur hineingetragen, aber keineswegs abgeleitet. Denn wenn

---

1) Metaph. 536; Med. Psych. 339 u. ö.
2) Im Mikr. I, 195 f. wird das von der Phantasie ausgeführt.
3) Ebdas. 189, 194, 197; Med. Psych. 149 f.
4) Mikrok. I, 202 ff., 252, 431; II, 153 ff. u. ö.
5) Metaph. 535 ff.; Mikr. I, 195 ff.; Grundzüge der Psychol. S. 70; Kleine Schr. I, 170; Medic. Psych. 149 f.

er meint, aus dem blossen Hin- und Herirren der Vorstellungen, aus ihrem gegenseitigen Druck und Stoss ein Gefühl entstehen zu sehen, so ist das eine arge Täuschung, wobei dasjenige von den Vorstellungen behauptet wird, was nur von uns gilt. Weil wir mehr als bloss vorstellende Wesen sind[1]), so ist es begreiflich, dass wenn in unserer Brust zwei entgegengesetzte Pflichtgebote kämpfen, wir die „Pein des Sollens" erleben können, aber ein bloss vorstellendes Wesen wird niemals aus sich herauszutreten vermögen und keinen Grund finden, um von der blossen Wahrnehmung sich in Schmerzen zu krümmen und noch weniger dazu kommen, sich dagegen zu wehren.

Lotze hat wohl in alledem ganz Recht, was er gegen Herbart hier vorbringt, aber die Ausführung seiner eigenen Theorie geht nicht widerspruchslos weiter. Die Vorstellungen fasst Lotze als eine Rückwirkung der Seele auf die unmittelbaren Reize der Aussenwelt; sie sind die einzigen Seelengebilden, welche direkt von äusseren, physikalischen Reizen der Seele abgenöthigt werden und in dieser Beziehung ist die Vorstellungsthätigkeit als die niedrigste aufzufassen. Die zweite, höhere Stufe des Seelenlebens muss dann das Gefühl bilden; dasselbe[2]) entsteht erst, „indem die Vorstellungen als neue Reize auf das ganze Wesen der Seele einwirken und in ihm die durch die äusseren Reize selbst unmittelbar nicht angeregte Thätigkeit zur Lust und Unlust hervorbringen"[3]. In dieser Aeusserung ist vor allem eine unwillkürliche Annäherung an die von ihm bekämpfte Theorie Herbarts zu spüren, nur dass Lotze das Gefühl nicht gerade aus den Vorstellungen entstehen lässt, sondern aus der vollen Natur der Seele, der nur die Veranlassung bis dahin gefehlt hat, sich in dieser Richtung zu äussern. Beiden ist jedoch die Fiktion reiner Vorstellungen gemeinsam, die für Lotzes Psy-

---
[1]) Mikrok. I, 200 u. öfter; Grundzüge d. Psych. 73 f.
[2]) Das nämliche gilt bei L. auch der Raum- und Zeitanschauung, Metaph. 537.
[3]) Geschichte der Aesthetik in Deutschland, S. 214 f.; Mikr. I, 204, 252; Met. 537 f.

chologie verhängnissvoller ist, als sie für Herbart sein konnte. Denn Herbart hatte sich damit nur mit der inneren Erfahrung im Widerspruch gesetzt, Lotze — auch mit sich selbst. Der schon in der „Allg. Pathologie und Therapie"[1]) ausgesprochene Grundsatz von der „unendlich mannigfaltigen Verbindung der verschiedensten Vermögen, die in jedem Akte des Seelenlebens vorkommen", wonach sich z. B. Gefühlselemente auch in den abstraktesten unserer Gedanken als Bestandteile immer vorfinden sollen[2]), wird mit dieser Trennung der beiden Elemente, die beinah eine zeitliche zu nennen wäre, wieder zu Nichte gemacht. Noch weniger wird mit dieser Trennung das im Anfang dieses Kapitels berührte Postulat von der allgemeinen Beseelung der Welt zu vereinigen sein. Ja, wenn die Lotze'sche Anschauung von den „nimmerfehlenden Elementen des geistigen Lebens" dieselbe geblieben wäre, wie sie bei Leibniz war, dann könnte alles in schönster Harmonie sein; aber Lotze verlangte keine dunklen und verworrenen Vorstellungen, sondern Gefühle, während hier das Fühlen von Lust und Unlust zu etwas secundärem herabgesetzt wird. Wenn nun auch auf die Rangordnung kein Gewicht zu legen ist, so bleibt doch der Widerspruch, dass dort das Gefühl als dem Vorstellen vorangehend, hier als ihm nachfolgend gedacht werden muss.

VI. Kapitel.
Verschiedenheit der Seelen. Der Geist; Menschen- und Thierseele[3]).

Eine grosse Aehnlichkeit zeigt Lotze in der Auffassung dieser Frage mit Leibniz's Continuitätsgesetz. Wie der letztere sogar kein Blätterpaar als völlig ähnlich angesehen

---
[1]) II. Aufl. S. 70.
[2]) Man sehe Kap. VIII u. X.
[3]) Des V. Buches erstes Kap. im „Mikrok." (Band II, 141 ff.) ist zwar ausdrücklich dem Unterschiede zwischen Seele und Geist gewidmet, doch stimmt dasjenige, was dort vom Geist gesagt wird, ganz mit dem, was Lotze später in der „Metaphysik" von dem Substanzbegriff ausführlich dargethan hat, überein.

wissen wollte, so ist für Lotze jede Seele eine für sich abgeschlossene lebendig wirksame Idee, „völlig eins in sich selbst"¹). Dass daraus eine durchgängig verschiedene Beanlagung der Menschen folgt, versteht sich von selbst, und darum ist wahrscheinlich dieser Frage im „Mikrokosmus", der sonst alle, den Menschen betreffenden Fragen, liebevoll erörtert, keine direkte Betrachtung gewidmet.

Es ist vor allem sehr charakteristisch, dass bei Lotze das a priori feststehende und principiell sichere nicht die Gleichheit und Aehnlichkeit der Wesen ist, sondern ihre Ungleichheit. Wie oftmals, so kehrt Lotze auch hier die Frage um, und seine Untersuchungen darüber fangen mit der zweifelnden Frage an, ob bei der grossen Verschiedenheit des menschlichen Geschlechts „von der thierischen Roheit an bis zu der Höhe des Genius, des göttlichen" sich einzelne bestimmte Züge und charakteristische Gewohnheiten angeben lassen, die allen gemeinsam genannt werden können.

Um mit der metaphysischen Begründung anzufangen, so findet es Lotze undenkbar, dass im Universum ein und dasselbe Element a unzählige male vorhanden sei²). Es könnten ja in diesem Falle seine verschiedenen Exemplare durch nichts von einander unterschieden werden. — Damit man diesem für das natürliche Bewusstsein seltsamen Grunde nicht den Einwand entgegenzustellen versuche, nämlich dass man sogar die absolut gleichen Elemente recht wohl räumlich unterscheiden könne, muss man sich erinnern, dass für Lotze dieser Raum, der die Dinge wie ein unendlicher Behälter umfasst und in welchem wir existiren sollten, überhaupt gar keine Wirklichkeit besitzt; seine Metaphysik kennt keinen anderen Raum, als den, der in uns ist.

Indem also Lotze auf diese Weise, nicht die Verschiedenheit der Seelen, sondern ihre Aehnlichkeit fraglich erscheinen lässt, sucht er nun, zu beweisen, wie der entgegengesetzte Schein sich festsetzen konnte. Die Seelen selbst,

---
¹) Mikrok. II, 169.
²) Metaphys. 383.

oder genauer, ihre Substrate — gleichwohl ob menschliche oder thierische, — sind gar nicht vergleichbar, auch ursprünglich gar nicht für solche gehalten worden; sie sind nicht etwa „gleichartige Substanzen zufällig unvergleichbarer Fähigkeiten", sondern umgekehrt, „ganz abweichende, durch ganz verschiedenen Inhalt charakterisirte ideale Wesen, welche die gleichartige Form des Seelenlebens angenommen haben und diese nun auch, ihrer Natur gemäss, nach ganz verschiedenen Richtungen hin ausbilden"¹). Jedes einzelne Seelending ist mit dem anderen „incommensurabel", nur die allgemeinen Aeusserungsformen, die Zustände des Vorstellens, Fühlens u. s. w. sind einander ähnlich; diese letzteren entscheiden jedoch nicht, denn die Fülle der geistigen Natur geht in ihnen nicht auf, mögen sie immer „die Gegenstände unserer irdischen Psychologie" bilden²). Etwas umsichtiger ist die Aeusserung im „Mikrokosmus", worin es heisst: es könne uns nichts hindern, anzunehmen, dass „durch eine ursprüngliche Eigenthümlichkeit jede einzelne Seele von Anfang an zu einer ihr allein angehörigen Entwickelung der allgemeinen Fähigkeiten bestimmt sei"³). Sonst nennt Lotze die Seelen — die menschlichen unter einander und in Bezug auf die thierischen und dann wieder die thierischen unter sich — am liebsten „unendlich verschieden"⁴), doch glaube ich, dass man das nicht ganz wörtlich nehmen darf, da anderwärts die „maasslose" Verschiedenheit ausgeschlossen und eine Vergleichbarkeit verlangt wird⁵).

Nun meint Lotze dass der ursprüngliche Sprachgebrauch unter „Seele" eben die gleichen Verhaltungsweisen allein bezeichnen wollte und diesen Sprachgebrauch nennt er den „phänomenologischen Begriff" der Seele⁶), später soll er sich jedoch in sein Gegentheil umgewandelt haben. Während man früher „Seelen" solche Wesen nannte, die alle

¹) Im Art. „Instinkt", Kleine Schr. I, 242.
²) Streitschr. 14; Kl. Schr. I, 240; Grundz. der Psych. 86 u. ö.
³) Seite 381, Bd. 1; zu vergl. Streitschr. 92; Metaph. 379.
⁴) Kleine Schr. 1, 243 v. die o. a. Stellen.
⁵) Vergl. Mikrok. III, 476 ff.
⁶) Kl. Schr. I, 239; Med. Psych. 137 u. ö.

nur darin übereinkamen, ihre eigenthümlichen Zustände in diese äussere Form zu kleiden, wurde später der Name für das übereinstimmende Benehmen des innerlich verschiedenen zum Namen für ein identisches inneres Wesen, an dem die Verschiedenheit wie äusserliche Zuthat hängen sollte¹).

Ausser mittels der dargelegten Verschiedenheit der unbekannten Träger der Geisteserscheinungen seinen Beweis zu führen, weiss Lotze sonst keinen Weg, um die „eigenthümlichen" Unterschiede der einzelnen Seelen abzuleiten. Als einfaches Element kann die Seele nicht erst aus einfacheren construirt werden und ihre Eigenthümlichkeiten können nicht einmal mit dem Schein von Wahrheit, wie anderswo, aus Verdünnung und Verdichtung, oder gar aus verschiedener Lageruug der Theilchen einer allgemeineren psychischen Substanz abgeleitet werden. Nur zwei Wege findet Lotze gangbar: entweder muss man die Verschiedenheit annehmen, oder die Seelen für völlig gleich halten und dann die abweichenden Fähigkeiten der Ausbildung und dergl. nur von der Gunst des Schicksals und der körperlichen Organisation herleiten. Die unmittelbare Folge der letzten Annahme würde dies sein, dass eine und dieselbe Seele bald zum Menschen, bald zum Affen sich ausbilden könnte, je nachdem sie der Zufall in einen Menschen- oder Affenkeim führte, eine Ansicht die für Lotze principiell ausgeschlossen ist und die er in der Herbartschen Psychologie als eine Folge aus seinen Principien zu finden glaubt und scharf tadelt²).

So viel über die Verschiedenheit im allgemeinen; was diejenige zwischen Seele und Geist betrifft, so wird sie aufgefasst, als bestehend zwischen der Seele abgesehen von dem Inhalt ihrer Erfahrungen und derselben Seele, wie sie durch das Leben zu einem ihrer Bestimmung entsprechenden Inhalt des Wissens, Wollens u. s. w. gelangt³). Im

¹) Mikrok. II, 142, 150 u. ö.
²) Kleine Schr. II, 185, Mikr. II, 154.
³) Kleine Schr. II, 498; vergl. auch Rez. v. Volkmanns Grundr. d. Ps. in den Gött. gel. Anz. v. J. 1856, S. 522.

Vergleich mit der thierischen Seele besitzt der Geist ein höheres Vermögen, die Vernunft; aber „sie muss in der Seele schon begründet sein", sie kann nicht etwa zu ihrer Natur hinzu das Geschenk eines neuen Vermögens annehmen, es muss alles sich aus ihr „mit Nothwendigkeit unvermeidlich entwickeln oder wenigstens unter Hinzutritt günstiger Bedingungen"; „die Seele ist nicht wie ein Wildling unedler Art anzusehen auf den ein höherer Trieb gepflanzt wäre; im Gegentheil ist in dem menschlichen Geiste „von Anfang an ein eigenthümliches Wesen zu sehen dessen charakteristische Natur selbst in den einfachsten und niedrigsten Aeusserungen seiner Thätigkeiten schon wirksam ist, obgleich ihre volle Bedeutung und ihr Gegensatz gegen die Seele des Thieres erst in den letzten Ergebnissen ihrer Entwickelung deutlicher hervortritt"[1]).

Auch über den Unterschied zwischen Menschen- und Thierseele hat sich Lotze öfter ausgesprochen. Er führt ihn auf zwei Hauptpunkte zurück. Den Thieren ist erstens die Fähigkeit zuzuschreiben, die physiologischen Vorgänge im Innern des Körpers wahrzunehmen[2]). Die Organisation der niederen Sinne zeichnet sich bei ihnen durch grosse Empfindungsfähigkeit aus[3]), welche es ihnen ermöglicht, verschiedene chemische und elektrische Processe zu empfinden; dann meint Lotze, wird manches, was uns eine Voraussicht des Zukünftigen zu sein scheint, wie z. B. ihr Richten nach meteorologischen Veränderungen, in Wahrheit sich als Resultat von stattgefundenen Eindrücken herausstellen[4]). Im Gegensatz hierzu hat der Mensch den grossen Vorzug, dass bei ihm an die zartesten harmonischen Verhältnisse der „objektiven" Empfindungen der höheren Sinne sich Gefühle knüpfen, wie sie in der stumpfen thierischen Organisation vielleicht nur durch heftige Schmerzen und Befriedigung sinnlicher Triebe erweckt werden können[5]).

[1]) Mikrok. II, 146 f., 169.
[2]) Medicin. Psych. 144; Kleine Schriften I, 248; II, 14 u. ö.
[3]) Medic. Ps. 553; Grundz. d. Psych. 87.
[4]) Med. Psych. 537.
[5]) Ebendas. 555.

Zweitens ist in den Thieren die Instinktidee die dominirende; sie fasst das Wesen ihrer Seelen zusammen, so wie die sittliche Idee das Wesen unserer Seele ausmacht. — Es stehen ausserdem diese zwei Eigenthümlichkeiten der Thierseele in engster Beziehung zu einander, denn die Instinkthandlungen können, wie Lotze meint, nur so erklärt werden, dass die Zustände der Seele in ausgedehnterem Maasse als bei uns auf die Gestaltbildung und den Stoffwechsel zurückwirken[1]).

VII. Kapitel.
Von den Schicksalen der Seele. Entstehung und Untergang der Seelen.

Lotze rühmt es dem Materialismus nach, dass es ihm gelungen ist, diese Frage in einer Weise zu erledigen, die dem natürlichen Gefühle ungleich zusagender ist, als jene gezwungenen Vorstellungen älterer Theorien, „die bald ewig präexistirende Seelen in die Keime der thierischen Geschöpfe einschachtelten, bald sie durch einen unmittelbaren Akt der göttlichen Schöpferkraft zu dem werdenden Organismus hinzusupplirten, bald die schon vorräthigen Seelen aus irgend einer Gegend des Himmels ihm durch Engelshände zuführen liessen". Denn diese Theorien sind nicht nur unwahrscheinlich in ihrem Hergang, sondern sie vernichten auch ganz die sittliche und individuelle innige Bedeutung des Verhältnisses zwischen Aeltern und Kindern durch die Annahme einer nur körperlichen Seite der Generation[2]).

Im Gegensatze dazu postulirt Lotze ohne weiteres ein Werden und Vergehen der Seelen in Uebereinstimmung mit seiner metaphysischen Grundanschauung. Lotzes eigenthümlicher Substanzbegriff sowohl, wie seine grossartige Auffassung des unendlichen Wesens, der Gottheit, übt hier überall den entscheidenden Einfluss. Gemäss der allesumfassenden und bestimmenden lebendigen Gottheit, wird

---
[1]) Kleine Schriften II, 155; Grundzüge der Psych. 87.
[2]) Medicin. Psychologie S. 161.

jeder Geist sein Dasein von einem bestimmten Punkte der Zeit an haben und in dem Zusammenhang aller Dinge eine systematische Stellungsbesitzer, die ihm auch seinen beschränkten Ort im Raume anweisen wird; alles ist hier „unbeschränkt", Geschöpf der einen schaffenden Kraft und in der Welt überhaupt nur solches und soviel, „was sie nicht etwa bedarf, sondern zulässt"[1]).

Lotzes eigene Theorie zieht sich ausserdem enge Grenzen, sie will nicht etwa die Art und Weise erklären, wie es die schaffende Kraft anfange, um ein Wesen zu Stande zu bringen, welches „nicht nur nach allgemeinen Gesetzen im Zusammenhang mit anderen wirke, leide und sich ändere, sondern auch sich als verhältnissmässig beständiger Mittelpunkt von dem alles umfassenden Grunde löse" — das ist ihm „ewig unsagbar", und wenn es auch nicht wäre, so hätten wir, die wir nicht eine Welt zu schaffen, sondern zu erklären haben, kein Interesse dafür[2]).

Um der Sache selbst näher zu treten, so ist es vor allem sicher und wohl durch den ganzen Charakter der Lotzeschen Psychologie fest begründet, dass nicht der organische Leib als solcher die Seele erzeuge, im Gegentheil ist ihre Entstehung, (wie diejenige des Leibes) eine Entwickelung des Unendlichen selbst, denn „ungeschieden der Zeit und dem Raume nach entfalten sich die beiden Schöpfungen, in deren gleichzeitiger Entwickelung das Absolute nur die innere Wahrheit seines eigenen Wesens ausdrückt"[3]). Doch kann ich nicht finden, dass die Gleichzeitigkeit der Entstehung beider Reiche für Lotze in Wahrheit etwas feststehendes, zweifelloses gewesen ist. Hier scheint mir wieder ein Widerspruch in sein System und zwar von einer ganz anderen Seite her sich hineingeschlichen zu haben. Dies ist zwar ganz folgerichtig, wenn Lotze ausdrücklich bemerkt, dass für die Entstehung der ärmlichsten Wesen die volle Gegenwart des unendlichen

---

[1]) Mikrokosm. I, 438; Medic. Psych. 166; Grundzüge der Religionsphil. 44.
[2]) Metaphys. 487 f.
[3]) Metaphys. 488; Mikrokosm. I, 441; Grundzüge d. Psych. II. Aufl. 69.

Wesens ganz nothwendig ist, wie für die der uns vornehmer scheinenden lebendigen und beseelten Wesen¹); aber höchst bedenklich ist, was unmittelbar darauf gesagt wird: „Von dem absoluten Wesen aufgenommen, von ihm gehegt, erregt dieses Ereigniss (nämlich der in seiner Bildung begriffene Körper) des Naturlaufs dort die schöpferische Kraft zu neuer Entfaltung und so wie die menschliche Seele die äusseren Reize in sich aufnimmt und durch Erzeugung neuer Empfindungen beantwortet, so lässt die folgerichtige Einheit des unendlichen Wesens durch dies eine innerliche Ereigniss der physischen Entwickelung dazu sich erregen, aus sich selbst auch die Seele hinzuzuerzeugen, die dem werdenden Organismus gebühret"²). Es ist der böse Dämon unseres Philosophen, der in jeder Frage ihm mitspielt und tückisch überall eine Disharmonie hineinbringt. Hier haben wir zwar nicht die ärgste, aber eine der bemerkenswerthesten. Ich habe schon einmal gelegentlich darauf aufmerksam gemacht, wie ungern Lotze die Seelenmonade den körperlichen nahe bringt und wie er es in Worten immer noch zugesteht, aber sachlich und wo es auf die Ausführung ankommt ihre Verschiedenheit zu betonen, ja zu übertreiben sucht, damit sie nicht einander zu nahe rücken. Nun bricht hier, vielleicht für Lotze selbst unbewusst, dieses Bestreben völlig durch und entzweit das principiell Eine. Denn wenn ich diese Stelle nicht ganz missverstehe, so folgt aus ihr nicht bloss eine einfache Trennung des geistigen Princips vom körperlichen, ja nicht bloss ein völliges „Vermaterialisiren" der sog. Körpermonaden, die nun erst durch das Hinzukommen edlerer Wesen vergeistigt werden müssen, sondern auch eine Priorität des körperlichen, Materiellen — eine Behauptung, die die Lotzesche Metaphysik wahrlich ganz und gar auf den Kopf stellen würde. —

Auch die Fragen, wo und wie sich der Körper und die ihm zugehörige Seele zusammenfinden, weist Lotze mit

---

¹) Mikrokosm. I, 422; Metaphys. 489.
²) Mikrokosm. I, 421; Metaph. 490, 498; Grundz. d. Psych. 69; Medic. Psychol. 165, 168.

vollem Rechte zurück, denn in seiner Welt haben sie keinen Raum; da existirt keine Kluft zwischen den einzelnen Wesen und ist auch kein Weg zurückzulegen, alles ist ungetrennt in der Natur des Einen enthalten. „Ueberall nur die Folgerungen ziehend, die an jedem Punkte des Ganzen zu den Prämissen gehören, welche das Absolute vorher an diesem Punkte verwirklicht hat, theilt es jedem Organismus die Seele mit, welche ihm gebührt und weder ein Weg ist zu ersinnen nöthig, noch Vorsorge für die richtige Wahl zu treffen, welche jedem thierischen Keime die seiner Gattung entsprechende Beseelung verbürgen müsste"[2]). Was den Zeitpunkt anbetrifft, in welchem die anfangs „nur physisch arbeitende Entwickelung den Zutritt der Seele erfahre", so können wir denselben nicht bestimmen, aber da die Wechselwirkung des Absoluten mit allen Elementen der Welt stetig und ewig fortschreitend ist, so „hindert uns nichts anzunehmen, dass auch die Bildung der Seele ein zeitlicher Vorgang ist, in welchem das Absolute allmählig dieses sein Erzeugniss gestaltet"[2]). Dies enthält nichts der Einheit der Seele widersprechendes, denn es bedeutet nicht eine Zusammensetzung aus direct existirenden Theilen, sondern successive Umbildung eines „anfänglich begründeten"[3]).

Möge hier noch kurz Lotze's Stellung zur Descendenzlehre gekennzeichnet werden. Hierbei ist vor allem die auffallende Thatsache zu constatiren, dass der ungeheuere Fortschritt in derselben, seit Darwins bahnbrechenden Arbeiten, unseren Philosophen fast unberührt gelassen hat. Die Ideen sind sehr alt und neuen Thatsachen gegenüber verschwinden die alten principiellen Bedenken immer noch nicht[4]), meint Lotze und fertigt die Frage in den Schlussbemerkungen zum vierten Buche des Mikrokosmus etwas kühl ab, indem er sagt: „welchen Weg der Schöpfung

---

[1]) Metaphys. 489, 490; Mikrokosm. I, 491; Med. Psych. 168.
[2]) Metaphys. ebendas.; Kleine Schr. II, 201; Med. Psych. 167.
[3]) Ueber die weitere Rechtfertigung dieses Gedankens ist Metaph. ebendas. u. folg. nachzusehen.
[4]) Mikrok. II, 138.

auch Gott gewählt haben möge, keiner werde die Abhängigkeit der Welt von ihm lockerer werden lassen, keiner sie fester an ihn knüpfen können"¹). Es lässt sich jedoch immer noch eine Wandlung in seinen psychologischen Ansichten wahrnehmen, deren Ursache vielleicht nicht ganz ausserhalb dieser Geistesströmung liegen, wenn auch die Motive vollständig aus Lotzes Denkart geflossen sein können. In dem Art. „Leben und Lebenskraft" sagt Lotze, dass er principiell gegen die generatio spontanea der niederen Thiere, falls sie sich empirisch nachweisen liesse, nichts einzuwenden habe; die höheren Wesen dagegen müssen, „der Würde ihrer Idee (nämlich der sittlichen) entsprechend, eine in sich selbst fortlaufende Reihe der Entwickelung bilden, ohne durch die bloss physikalischen Gegeneinanderwirkungen der Processe auf der Erde von neuem zu entstehen"²). Dagegen wird am Schlusse der „Kosmologie"³) beruhigend behauptet: „Der Mensch hat keinen Grund eine namenlos vornehme Entstehung seines Körpers zu beanspruchen und überhaupt soll er sich nach dem schätzen was er ist und nicht nach dem, woraus er entstanden ist; es reicht hin, wenn wir uns nicht mehr als Affen fühlen und es ist gleichgültig, ob entfernte Vorfahren, deren wir uns nicht mehr erinnern, dieser niederen Stufe des Lebens angehört haben; schmerzlich wäre es bloss, wenn wir wieder Affen werden sollten". Nach dieser Aeusserung könnte man Lotze für einen principiellen Anhänger des Darwinismus ansehen, doch ist er das⁴) nicht. Einen Gegner desselben kann man ihn auch nicht nennen;

---

¹) Mikrok. II, 138.
²) Kleine Schriften I, 200; s. auch 180 ebd.
³) Metaphys. 465.
⁴) Es ist überhaupt zu verwundern, dass L. den obigen Ausspruch gewagt hat, denn seine unmittelbare Consequenz ist natürlich die Entstehung des Affen aus niederer Gattung und so bis zum Urthier. Nun bekämpft aber Lotze die Idee eines Urthieres ebenso heftig, wie diejenige von einer Urmaterie und vom Standpunkte seiner Metaphysik, die jedes Ding und noch mehr jede Thiergattung als nothwendiges Glied der Welt betrachtet, mit vollständigem Rechte. — Zu der in Rede stehenden Frage vergl. besonders Mikrok. II, 63 ff.

er bleibt eben schwankend in der Mitte stehen und bringt bald Bedenken entgegen, bald entschliesst er sich zu theilweisen Zugeständnissen.

Möge noch bemerkt werden, dass in der letztangeführten Stelle aus der Metaphysik sich dieselbe dualistische Anschauung deutlich kundgiebt, die ich oben (Seite 89) nachweisen zu können glaubte, dass unser Körper aus dem thierischen sich entwickelt habe, während ihm jedoch die Seele durch das Absolute anerzeugt wird.

Lotzes vollständige Trennung von Geistes- und Bewusstseinsleben[1]) ist sehr wohl dazu angethan, sich für die Unsterblichkeit der Seele verwerthen zu lassen. Jedoch ist Lotze dem Deduciren der Unsterblichkeit aus begrifflichen Festsetzungen ganz abgeneigt[2]). Er hält vor allem das Problem der Unsterblichkeit nicht für einen Gegenstand theoretischer Beweisführung[3]) und auch wenn es zum solchen gemacht wird, so ist nichts davon zu erwarten. Das gewöhnliche Verfahren ist es, dass man die Unsterblichkeit schon in den Begriff der Seele, als eins ihrer Merkmale und Eigenthümlichkeiten, hineinlegt, um sie desto sicherer daraus folgern zu können. Dafür hat Lotzes Metaphysik keine Stelle; sie kennt kein vorweltliches und aussergöttliches Substanzrecht, das den Seelen gleichsam als Geburtsrecht mitgegeben worden wäre, „damit sie sich darauf stützen können, um zu verlangen, dass jede Macht ihre Privilegien achte und sie nur so verwende, wie es ihrer angestammten Würde angemessen sei". „Es gibt nicht eine solche Natur der Dinge, die wie ein unvordenkliches Schicksal aller Wirklichkeit als eine unvermeidlich zu befolgende Reihe von Gesetzen voranginge; es gibt nicht

---

[1]) In der Medic. Psych., S. 465 f. heisst es: „Wir sind weit davon entfernt, die Seele mit dem Bewusstsein zu identificiren, so dass sie ohne eigenes, auf sich selbst beruhendes Wesen gänzlich darin aufginge, Wissen zu sein"; S. 466: Die bewusstlose Seele führt ein latentes Leben, während dessen in ihr unablässig innere Veränderungen vor sich gehen.
[2]) Grundzüge d. Psych. 67 f.; Kl. Schr. II, 451.
[3]) Grundzüge d. Ps. 70.

einen solchen Begriff des an sich möglichen und nothwendigen, auf welchen die weltschaffende Kraft hinblicken müsste, um zu erfahren, innerhalb welcher Grenzen ihr die Verwirklichung ihrer Absichten erlaubt sei und welche Verpflichtungen folgerichtiger Entwickelung sie mit jeder Stiftung irgend eines Keimes übernehmen müsse"[1]). Aber noch bemerkenswerther und für seine Beweisart charakteristischer ist es, wenn Lotze behauptet, dass auch dann, wenn es irgend Jemandem gelingen wollte, durch geheime Kunstgriffe die Unsterblichkeit als nothwendig in dem Begriff der Seele liegende Eigenschaft zu deduciren er und das menschliche Gemüth sich damit nicht begnügen könnten, das man mit dieser Sicherheit immer nichts anzufangen wissen werde, denn unsere Wünsche blieben immer noch sehr unbefriedigt, wenn man den menschlichen Geist so mit den Seelen der Thiere einem und demselben Schicksal anheimgegeben sähe, ohne jeden Unterschied, der dem inneren Gehalt und der Würde desselben entspreche. — Dem stellt Lotze den Satz gegenüber, dass die Seele solange ist, sofern sie lebt, d. h. im Lotzeschen Sprachgebrauch nichts anderes als sofern sie in mannigfachen Beziehungen des Leidens und Wirkens zur Aussenwelt steht[2]), so dass mit dem Zerfall des Körpers auch die Seele zu Grunde gehe. Das ist die allgemeine Regel, nun greift aber das alles bestimmende absolute Wesen hinein und setzt die Geschicke jedes Wesens fest. Dann wird jedes Wesen fortdauern, was „um seines Werthes und Sinnes willen ein beständiges Glied der Weltordnung sein muss und zu Grunde gehen alles, dem dieser erhaltende Werth gebricht"[3]). Auf diese Weise wird es nun allein möglich sein, jedem Wesen das ihm gebührende zu theil werden zu lassen, ohne die „unsinnige und abentheuerliche" Vorstellung einer Präexistenz, die allen Deduktionen aus vermeintlichen Substanz- und Geburtsrechten der Seele an-

---

[1]) Mikrokosm. I, S. 438; Medicin. Psychologie 166; Kleine Schriften II, 199.
[2]) Grundzüge d. Metaph. 26 (II. A).
[3]) Mikrokosm. I, 439.

haften muss, zu brauchen¹). Dann wird auch ein anderes Leben sich aus „derselben Tiefe des Geistes, höheren Aufgaben entgegenkommend, eine viel vollkommenere Regsamkeit entwickeln können, vielleicht unbedürftig der vielfachen mittelbaren Verfahrungsweisen und Umwege, durch welche unser Gegenwärtiges Denken sich zwischen die Natur der Dinge hindurchzuzwingen genöthigt ist"²). Man könnte hier füglich fragen, um welche Verdienste es sich hierbei handelt, wenn Lotze nicht mit seinem Zugeständniss zuvorgekommen wäre, dass wir von alledem nichts wissen und dass diese Wahrheit in unseren menschlichen Händen unanwendbar ist"³), denn wir können uns nicht vermessen zu bestimmen und zu richten, welche geistige Entwickelung durch die ewige Bedeutung, zu welcher sie sich erhoben hat, die Unsterblichkeit sich erwecke, welcher andern sie versagt bleibe⁴).

Die letzten Worte Lotzes in der Metaphysik sind auch die abschliessenden Bemerkungen über diese Frage und sie scheinen mir eine Aenderung zu verrathen, die sich eigentlich bei Lotze von selbst verstehen sollte, aber erst hier einen Ausdruck gefunden hat. Es handelt sich um die Erklärung „der Wiederkehr der früheren Vorstellungen in das Bewusstsein." Die geläufigen Redeweisen von unbewussten Zuständen, die aus Vorstellungen zurückgeblieben sind u. dergl. sind widersinnig⁴) und man kann ihnen keinen Sinn abgewinnen, ohne zu den „grössten Bildern" Zuflucht zu nehmen. „Aber kann das einst gewesene auf keine andere Weise der bestimmende Grund des künftigen sein als dadurch, dass es nicht vergangen ist, sondern fortdauert? Und wenn die Seele in völlig traumlosem Schlafe nichts vorstellt, fühlt und will, ist sie dann und was ist sie? Wie oft hat man geantwortet, dass sie dann nicht sein würde, wenn dies jemals geschehen könnte; warum hat man nicht vielmehr gewagt zu sagen, dass sie dann nicht

---

¹) Grundzüge der Psychol. 66, 70.
²) Streitschriften S. 14.
³) Mikrokosm. I, 438 f.
⁴) Ebendas. 226; Metaph. 523 u. ö.

ist, so oft es geschieht? Gewiss, wenn sie allein in der Welt wäre, dann können wir einen Wechsel ihres Seins und Nichtseins nicht verstehen; aber sollte nicht ihr Leben eine Melodie mit Pausen sein, während der ewige Urquell fortwirkt, aus dem als eine seiner Thaten ihr Dasein und ihre Thätigkeit entsprang? Aus ihm würde sie wieder entspringen in folgerechtem Anschluss an ihr früheres Sein, sobald jene Pausen vorüber sind, während deren andere Thaten desselben Urgrundes die Bedingungen ihres neuen Eintritts herstellten[1])." Wir sind hiermit an die äusserste Consequenz der Lotzeschen Lehre angelangt und sehen sie dem Spinozistischen Pantheismus, den Lotze principiell bekämpft[2]), sich immer mehr nähern. Die Seele ist kein wirklich selbständiges Wesen, ihre Existenz, die jetzt gleichsam in den wenigen Augenblicken des hellen Bewusstseinslebens gebannt wird, erscheint im letzten Grunde überflüssig, denn wenn das Absolute sie in den „unbewussten Vorstellungen" ersetzen kann, so ist nicht einzusehen, warum es dies nicht immer — also auch in den bewussten — zu thun vermag.

[1]) Metaphysik 602.
[2]) Mikrokosm. III, 568; auch ebdas. II, 456 f.

Zweiter Abschnitt.

Gehirn und Seele.

VIII. Kapitel.

Der Körper, die Nerven und das Centralorgan in ihrer Bedeutung für das geistige Leben.

Im Gegensatz zu den Ansichten, die da behaupten die Seele wirke unmittelbar auf andere Seelen und Objekte, ohne die Hilfe mechanischer Kräfte zu brauchen, die ihr der Körper darbietet, setzt Lotze die Bedeutung der körperlichen „Hülle" der Seele gerade darein, dass ihre Vermittelung nothwendig sei, um eine Kenntniss von den äusseren Ereignissen zu bekommen und umgekehrt sind wir wieder durch sie befähigt, auf die Aussenwelt einwirken zu können, „durch Uebertragung von Bewegungen, welche die Seele zunächst nur in den Gliedern des eigenen Körpers unmittelbar erzeugte"[1]). Es sei jedoch, bevor wir weiter gehen, die Bemerkung gestattet, dass Lotze hiermit den „unmittelbaren Rapport" der Seelen keineswegs entschieden abgewiesen wissen möchte, besonders ist die principielle Möglichkeit desselben für Lotze nicht so unmöglich, als „wohl eine übel begründete Zuversicht zu den Resultaten unserer bisherigen Naturerkenntniss sich einbilden mag"[2]), da ja die Naturwissenschaft auch „die ausschweifendsten Vorstellungen von einer unmittelbaren Wirkung der ent-

---

[1]) Medicin. Psych. 80, 456 u. ö.; Kl. Schr. II, 199.
[2]) Medicin. Psych. 81, 85; Kl. Schr. II, 166 f.; Metaph. 503.

ferntesten Wesen auf einander niemals auf so kurzem Wege zurückweisen kann". Darum handelt auch Lotze die mit köstlichem Humor erfüllte Behandlung Kants, der dieses Problem in „den Träumen eines Geistersehers" zum Gegenstand seiner vernichtenden Kritik machte. Lotze nennt dagegen die Laune für diese Frage „nicht ganz angemessen"; „denn nicht dies allein war darzustellen, dass nämlich diese Hypothese kein Objekt wissenschaftlicher Bejahung sein könne, sondern aus dies, dass sie auch kein Gegenstand voreiliger Verneinung sein darf"[1]).

Das ist jedoch immer noch nicht Lotze's letztes Wort darüber. Er liebt es, überall das thatsächlich oder empirisch wirkliche resp. unwirkliche von dem metaphysisch und logisch möglichen und denkbaren[2]) zu scheiden, und so glaubt er auch hier nicht an eine „Nachtseite" des Daseins, für deren Auftreten wir nicht im Stande sein sollen, die Bedingungen nachzuweisen, und so bleibt ihm in Wahrheit der Körper nach wie vor unentbehrlich. Er ist der Mechanismus, auf dessen unverbrüchlicher Basis die Entwickelung der Seele begründet ist, das Mittel, wodurch sie ihre eigene Natur äussern kann.[3]) Näher wird dem Körper doppelte Bedeutung für das Seelenleben beigelegt; er ist erstens als dienendes Instrument anzusehen, das der Seele eine Ausdehnung ihrer Wirkungen auf grössere Gebiete der Aussenwelt ermöglicht, dann aber auch als ein System von Schranken, „wodurch die immer vorhandene unmittelbare Wirkungsfähigkeit der Wesen auf einander abgegrenzt und auf bestimmte Wege zurückgedrängt wird"[4]), als retardirendes Gewicht, „das die Seele im Gebiete der Endlichkeit reifen und die Frucht der Entwickelung nicht voreilig pflücken

---

[1]) Medicin. Psych. 82.

[2]) Diese häufigen Wendungen bei Lotze erinnern an die Hegel'sche Construktion eines „unendlichen Unterschiedes zwischen dem Princip, dem, was erst an sich und zwischen dem, was wirklich ist". Vergl. die Einleitung zur Philos. d. Geschichte, Werke, Bd. IX (III. Aufl.) Seite 25, 28 u. ö.

[3]) Kl. Schr. II, 199.

[4]) Med. Psych. 84, 490 u. ö.

lässt".[1]) Weiter ist aus verschiedenen Aeusserungen, so vor allem daraus, dass „die eigenthümliche Beschaffenheit der körperlichen Organisation den Reichthum und die Richtung des Ablaufs"[2]) der Gedanken mitbestimmt, zu schliessen, dass die Seele und der Körper einander angepasst sind, was in einer Stelle in Art. „Instinkt" einen geradezu überraschenden Ausdruck gefunden hat; da sagt Lotze, wir können uns nicht vorstellen, wie wir bei einem anderen Leibe aussehen würden.[3]) Dies scheint jedoch immer noch nicht auszuschliessen, dass manche Seele in einen „ungünstig organisirten Körper" kommt, der eine wirkliche Schranke bildet, und nach deren Ueberwindung ihre Fähigkeiten noch glänzender hervortreten".[4]) — Ausser diesen mehr metaphysischen Bestimmungen findet sich noch eine allgemeinere physiologische, die vom Körper sowohl wie von dem Nervensystem im Ganzen gelten wird. „Die bedeutendste Aufgabe körperlichen Mitwirkung besteht ohne Zweifel darin, eine Combination gleichzeitiger und successiver Reize so zu bewirken, dass auf ihre Anregung die Seele zu einem Bilde der Aussenwelt gelangt, und umgekehrt eine Summe körperlicher Bewegungen so passend zu einander zu verflechten, dass ihre Erfolge den inneren Impulsen der Seele entsprechen."[5])

Das Seelenleben ist seiner Möglichkeit nach natürlich in der Seelenmonade selbst begründet, aber zur Wirklichkeit wird es mittels der Nerven, denn nur durch dieselben wird die Wechselwirkung von Seele und Körper möglich und wirklich, und die Aussenwelt in den Stand gesetzt, auf die Seele einzuwirken.[3]) Die Nerven selbst sind als nichts weiter zu betrachten denn als Stellen des Gewebes, „welche die Wirkung des eintretenden Reizes leichter durchläuft"; in ihnen dürfen wir keine „geheimnissvollere" Kräfte suchen,

---

[1]) Kl. Schr. II, 200.
[2]) Med. Psych. 538.
[3]) Kleine Schr. I, 244.
[4]) Medicin. Psych. 490; Mikrok. I, 385.
[5]) Med. Psych. 87.

als in allen Körpertheilen[1]); sie bilden gleichsam nur „leichter gangbare Kanäle der Seele".[2]) Die Bezeichnung der Nerven als Kanäle der Seele deutet schon an, dass sie als solche mit der Empfindung nichts gemeinsames haben, dass dasjenige, was in ihnen vorgeht, höchstens als Signal für die Seele in Betracht kommt, denn, so wie ein Signal sich nach Uebereinkunft gleichgültig jeder Bedeutung anbequemt, „die erhaltene aber in allen Fällen festhält, so findet hier zwischen Nervenprocess und Empfindungsinhalt eine feste Verknüpfung statt, ohne dass dennoch der erste auf den zweiten von selbst hinwiese".[3]) Die Empfindung kann man wohl als eine Consequenz des Nervenzustandes bezeichnen, aber nur als eine sehr verschiedene[4]), die nicht etwa schon aus der Art der Muskelbewegung unmittelbar als synthetische Folge flösse, sie tritt vielmehr fremdartig hinzu. Dies Verhältniss der Nerven- zur Seelenthätigkeit ändert sich bei Lotze auch da nicht, wo die metaphysischen Grundsätze des Systems die Wesensgleichheit von Seelensubstanz und „körperlichen" Monaden verlangt. Der Grund davon ist unzweifelhaft in Lotze's Fassung des Problems der Wechselwirkung zu suchen, wonach die Seele nichts von aussen empfangen kann, sondern alles aus sich selbst erzeugen muss. Aus demselben Grunde ist es, wie ich schon erwähnte (s. Kap. V), für die Lotzesche Psychologie ganz einerlei, ob die Nervenatome selbst empfindungsfähig sind, oder nicht.

Oefter kommt Lotze auf den Bell'schen Lehrsatz von der isolirten Leitung der Nervenprimitivfasern und auf den teleologischen Grund ihres Daseins. Mag die gesonderte Leitung der Eindrücke ihr erster Zweck sein, sie muss doch, da sie häufig auch an solchen Stellen sich angebracht findet, wo sie diesem Zwecke nicht dienlich sein kann, so z. B. besitzt sie nicht bloss der Sehnerv, sondern auch der Geruchsnerv[6]), „der sehr geringe Fähigkeit zeigt, eine Mannigfaltig-

---

[1]) Allgemeine Physiologie des körperlichen Lebens S. 386.
[2]) Medicin. Psych. 98, 106, 130; Allgemeine Pathologie und Therapie . . 67; Mikr. I, 357.
[3]) Kleine Schr. II, 29; Allg. Path. ebd.
[4]) Kleine Schr. II, 291; Allg. Path. . . 62.
[5]) Mikr. I, 412.
[6]) Med. Psych. 548.

keit gesonderter Empfindungen zu erwecken, die der Anzahl der einzelnen Fasern entspräche", auch einen anderen, allgemeineren Grund haben. Lotze giebt, freilich nur vermuthungsweise, einige solche Gründe an. Die isolirte Leitung der Nervenprimitivfasern kann erstens eine physisch nothwendige Bedingung für das Zustandekommen aller Nervenprocesse und ihrer Fortpflanzung sein. Wir wissen zwar nicht, worin das alles besteht, aber wir können uns leicht als möglich denken, dass es eine Form von Bewegung ist, die nicht in dicken, soliden Zylindern, sondern nur in den mikroskopisch dünnen Nervenfasern „fortpflanzbar" sei.[1]) Dem fügt Lotze eine andere Bestimmung hinzu, wonach die Grösse dieses Vorganges innerhalb eines einzelnen dieser zylindrischen Elemente gleichfalls nur eine beschränkte sein könne, so dass dann mit einer gewissen Nothwendigkeit folgen muss, dass eine grössere Anzahl von Fasern, die denselben Eindruck leiten, die Kraft desselben bis zu dem Grade steigert, welcher von der weiteren Benutzung für die Zwecke des Lebens verlangt wird. Das nämliche ist auch bei den Muskelfasern der Fall.[2])

Zweitens gilt ihm aber als sicher, dass die isolirte Leitung ein Mittel dazu ist, dass jeder einzelne Nervenprocess sich mit einem bestimmten Localzeichen versehen kann, und auf diese Weise die Raumanschauung zu stande bringt.[3]) Die weitere Ausführung der Lotzeschen Localisationstheorie, die schon vielfach erörtert worden ist, schliesse ich aus dieser Darstellung aus und gehe sogleich zur Betrachtung des Gehirns über.

Mit gleich grosser Ausführlichkeit hat Lotze in allen seinen psychologischen Werken die Frage nach physischen Substraten des geistigen Lebens erörtert. Die Grundgedanken sind immer dieselben geblieben, nur eine grössere Umsicht in der Behandlung ist wahrnehmbar in seinen späteren Schriften. An der Möglichkeit eines rein geistigen

---

[1]) Medic. Ps. 344; Mikrok. I, 350; Streitschrift. 146 f. u. ö.
[2]) Mikrok. I, 351 u. ö.
[3]) Med. Psych. 339 u. ö.

Lebens, welches jeder körperlichen Hülfe unbedürftig wäre[1]), hat Lotze, trotz der absoluten Unmöglichkeit, dieselbe widerspruchslos mit anderen psychologischen Behauptungen seines Lehrgebäudes zu vereinigen, unabänderlich festgehalten. Daneben hat er aber niemals geglaubt, dass das Gehirn überflüssig sei, nur dass es ihm nicht für ein Organ gilt, wodurch die Seele denkt; er vergleicht dasselbe vielmehr einem Steuerruder, „das dem Schiffe, ohne es fortbewegen zu können, seinen Lauf bestimmt".[2]) Einzig der Umstand, dass das Material des Geistes, seine Vorstellungswelt, immer aus der äusseren, ihn umgebenden Welt stammen muss[3]), ist es, der das Gehirn nothwendig macht, denn dadurch ist doch für die Seele erst die ganze Welt der Anregungen, deren sie bedarf, um zum Leben zu erwachen, herbeigeschafft. Daraus würde wohl, wenn nicht anderweitiges im Wege stände, mit grösster Consequenz folgen, dass in denjenigen Fällen, wo die Seele bloss auf sich angewiesen ist, wo sie den nöthigen Inhalt schon hat, also in den höheren Geistesfunktionen sie des Gehirns nicht mehr bedarf.

Ausser dieser allgemeineren Bedeutung hat das Gehirn auch speciellere Aufgaben. Wir haben gesehen, dass die Fähigkeit, überhaupt räumlich anzuschauen, der Seele angeboren sein muss; aber damit eine wirkliche räumlich-zeitliche Ordnung zu stande kommt, ist das Gehirn nöthig, und Lotze braucht zu diesem Zweck ein „ansehnliches Stück der Gehirnsubstanz"[4]). Wie er selbst zuerst besonders in den „Streitschriften"[5]) ausführt, ist das durch die punktförmige Natur der Seele nothwendig geboten, denn die unräumlichen Merkzeichen der Localisation der Empfindungen, die überall unentbehrlich sind, wo äussere Ordnung treu aufgefasst

---

[1]) Logik 539; Med. Ps. 89, 100, 569; Metaph. 582 u. ö.; Mikrok. I, 357; Kl. Schr. II, 150 u. an unz. Stellen.
[2]) Kl. Schr. II, 149.
[3]) Allgemeine Path. und Therapie .. II. Aufl. S. 66; Kl. Schr. II, 161.
[4]) Medic. Psych. 98 ff., 105, 482, 568; Allgem. Pathologie u. Therapie 67; Mikrok. I, 357 ff. u. ö.; Grundzüge der Psych. 83; Metaph. 585; Kleine Schr. II, 145.
[5]) S. 140 f.

werden soll, werden selbst nun ihrerseits durch die räumliche Ausbreitung des Gehirns erst möglich gemacht. Dagegen ist das Gehirn überflüssig, wo die Verbindung der Vorstellungen nach der qualitativen Verwandtschaft ihrer Inhalte, wie sie in der Association u. a. geschehen kann[1]); dafür scheint für Lotze die Einheit der Seele auszureichen. Dass hier eine Inconsequenz Lotze's vorliegt, hat schon der unvergessliche Fr. A. Lange gelegentlich hervorgehoben[2]); nur hat diese Inconsequenz nicht in der ursprünglichen Anlage seiner Psychologie gelegen und kommt nur erst durch die Vermittelung des Gefühls zu stande, worauf ich gleich zurückkommen werde. Auch für das Gedächtniss ist kein „eigenthümliches Organ" nöthig[3]), was meines Erachtens bei Lotze nur so ausgelegt werden darf, dass das ganze Gehirn dazu dient. Meine Auslegung streitet zwar sowohl mit dem metaphysischen Satze, dass nur die einheitliche Seele im wahren Sinne des Wortes des Behaltens fähig ist, wie auch mit der ausdrücklichen Versicherung Lotze's, dass das Vergessen nicht nothwendig an ein Verschwinden von Gehirntheilchen gebunden ist[4]), aber den Widerstreit selbst hat Lotze verschuldet. Es ist wieder eine lange Gedankenkette und wieder die Vermittelung des Gefühls mit im Spiele!

Dies führt mich naturgemäss zur Betrachtung des zweiten Grundes für die Unentbehrlichkeit des Gehirns. Es ist das Gefühl, dessen Fassung bei Lotze so viel Unheil stiftet. Das Gefühl, welches fast all unser Denken, „selbst das abstrakteste" begleitet, würde ohne die Centralorgane verschwinden.[5])[6]) In diesem Gedanken haben die eben erwähn-

[1]) Medic. Ps. 486.
[2]) Geschichte des Materialismus B. II, S. 447 (III. Aufl.).
[3]) Medicin. Ps. 105, 586; Grundz. d. Psych. 80; Mikrok. I, 364, 367; auch Metaph. 596.
[4]) Med. Psych. 482 ff.
[5]) Kleine Schr. II, 146, 148; Mikr. I, 272 fl.; Allg. Path. u. Therapie .. 67.
[6]) Es ist interessant zu sehen, wie Lotze „gefühllose Empfindungen", welche bei den mit Chloroform betäubten nicht selten sind (sie vermögen nämlich eine chirurgische Operation genau zu verfolgen, ohne den Schmerz derselben zu fühlen) erklären will. Wir sind schon einmal in dem Kap. vom „Wesen und Vermögen

ten Widersprüche ihren Grund. Das Gedächtniss sowohl wie die Association ist ohne Gehirn nicht denkbar, weil sie ohne Gefühl nicht zustande kommen können. Nur ist die Art, wie das Gefühl zum Begleiter der Vorstellung (streng genommen bedeutet bei Lotze der Ausdruck „Vorstellung" nur das Erinnerungsbild, um welches sich hierbei allein handelt) wird, nicht ganz so einfach. Die Wiedererinnerung der reinen und blossen Vorstellungen lässt Lotze ohne jede Hilfe seitens der Centralorgane geschehen, aber die erneuerte Vorstellung setzt die letzteren in Bewegung und erst aus den nachträglich entstandenen Nervenprocessen wird das Gefühlselement erzeugt und mit ihm die grössere Lebendigkeit des Vorstellungsverlaufs. (Man vergleiche darüber noch Kap. X.) Nur kann ich leider nicht behaupten, dass Lotze wenigstens den Gedanken von dem späteren Auftreten des Gefühls, der neuerdings von beachtenswerthen Autoritäten behauptet worden ist[1]), festgehalten hätte. Denn er spricht oftmals von dem Gefühle in einer Weise, die der soeben erwähnten schnurstracks widerspricht. So erklärt er irgendwo das Unvermögen der Kranken sich dessen zu erinnern, was z. B. dem Ohnmachtsanfall unmittelbar voranging, derart: „ihnen sei das frühere Lebensgefühl ganz entschwunden"[2]).

Noch ein anderer innerer Wiederspruch wird sich so-

---

der Seele" einer bedenklichen Scheidung des Empfindungs- vom Gefühlselement begegnet. Dort wurde behauptet, dass das letztere aus den Tiefen der Seele erst durch die Veranlassung der ersteren entstehen soll. Hier wird diese Anschauung auf die Spitze getrieben und die Seele beinah in räumliche Theile zerstückelt. In solchen Fällen, sagt Lotze im Mikrok. I, 361, muss angenommen werden, dass die äusseren Reize bis zu jenem Punkte bloss ununterbrochen fortgeleitet werden können, wo sie durch Wechselwirkung mit der Seele in bewusste gleichgültige Wahrnehmungen umgesetzt werden, aber ihre Fortpflanzung bis zu jenem Punkte ist gehemmt, an welchen anschlagend sie jene eigenthümliche Resonanz erwecken mussten, deren Rückwirkung in der Seele erst das begleitende Gefühl erweckt.

[1]) Man sehe besonders Höffding, Psychologie, deutsch von Bendixen, S. 304 u. ö.
[2]) Grundz. d. Psych. 80.

gleich ergeben, wenn wir in Betracht ziehen, dass Lotze die Hilfe des Gehirns für das höhere geistige Leben, für unsere ethischen, logischen und aesthetischen Grundsätze abweist, und doch sie andererseits wieder nicht ganz abweisen darf, da sie nicht „gefühllos" gedacht werden können und das Gefühl ohne die Centralorgane nicht zustande kommen kann[1]). Was aber die Anwendung derselben betrifft, so ist sie ohne die sonst „gefährlich" genannte Hilfe des Gehirns nicht möglich, da der conkrete Inhalt, worauf sie angewendet werden sollen, nur auf diese Weise sich festhalten lässt[2]).

Censorium und motorium commune, die er in seinen früheren Werken festhielt[3]), werden in der „Metaphysik"[4]) fallen gelassen, mit der Bemerkung, sie seien nur ein Produkt logischer Klassifikation der geistigen Thätigkeiten. Ueberhaupt scheint Lotze in seinem letzten Werke dem Gedanken an ein rein geistiges Seelenleben mehr nachgegeben zu haben. Es heisst da einmal: „Wir unterliegen in diesem Falle einer traurigen Unvollkommenheit, nicht nur die Mittel nicht nachweisen zu können, welche einen verlangten Dienst leisten würden, sondern selbst nicht zu wissen, welche bestimmten Dienste wir zu verlangen haben[5]).

„So sprechen wir denn sehr obenhin von Organen dieses und jenes geistigen Vermögens, ohne viel zu wissen, warum denn die Seele unfähig gewesen wäre, ohne dieses Organ sich zu äussern, durch welche denkbaren Eigenschaften ferner dieses im Stande sei, ihr die mangelnden Bedingungen zu ergänzen, oder endlich, wie dann sie wieder dazu gelange, sich seiner, als ihres Werkzeuges, zu bedienen"[6]).

---

[1]) Man vergl. darüber: Allg. Pathol. und Therapie 68; Mikr. I, 363 u. ö.; Med. Psych. 569.
[2]) Kleine Schr. II, 141, 148; Allg. Path. u. Therapie 67 u. ö.
[3]) Kl. Schr. II, 145; Grundz. d. Ps. 83 u. ö.
[4]) S. 584 f.
[5]) Metaph. 583. Doch finde ich diesen Gedanken auch im Art. „Seele und Seelenleben", Kl. Schr. II, 158.
[6]) Metaph. ebendas. u. folg.

IX. Kapitel.
Der Sitz der Seele im Gehirn; ihre morphotische Kraft.

Mit sichtlicher Vorliebe ergeht sich Lotze in allen seinen Schriften in weitausgesponnenen Betrachtungen über den Sitz der Seelenmonade. Ich will jedoch die Frage möglichst kurz behandeln; sie hat etwas störendes und befremdliches; sie erinnert zu sehr an die landläufigen Volksanschauungen und erweckt bei denjenigen, die sich gewöhnt haben, unter „Seele" nicht bloss ein Seelending sondern auch das seelische Geschehen selbst zu verstehen, den abentheuerlichen Gedanken von einer Localisirung der Vorstellungen, Gefühle und dergleichen. Dass jedoch auf dem Boden der Lotzeschen Psychologie dieser Frage keine Wunderlichkeit anhaftet, sehe ich wohl.

Ich will gleich mit der Hervorhebung einer charakteristischen Stelle anfangen, die sich schon in der „Allgemeinen Pathologie und Therapie" findet und meines Erachtens, unserem Philosophen viel Arbeit erspart hätte, wenn er sich ihren Consequenzen nicht hätte verschliessen wollen. Sie lautet wie folgt: „Es ist eine völlig unbegründete Annahme, dass die verschiedenen sogenannten Vermögen der Seele jedes in einer besonderen Gegend des Gehirns ihren Sitz haben sollen, eine Hypothese, welche die unendlich mannigfaltige Verbindung der verschiedenen Vermögen, die in fast jedem Akte des Seelenlebens vorkommt, gänzlich bei Seite lässt"[1]. Es ist nicht einzusehen, warum alle Vorstellungsvermögen nicht an einem seelischen Akte sich betheiligen könnten, wenn sie durch das Gehirn zerstreut sind; es kann nämlich das ganze Gehirn eben in Wirksamkeit treten, so wie das bei Lotze geschehen muss, trotz dem unendlich kleinen Raume, den die Seele einnimmt, denn die Ansicht Lotzes nimmt den grössten Theil des Gehirns gerade dazu in Anspruch.

Lotze hebt seine Betrachtungen mit der Erklärung an,

---
[1] S. 70 f.; Metaph. 592.

dass er ganz und gar dahingestellt lassen will, ob es möglich ist, dem untheilbaren Wesen eines wahrhaft seienden irgendwie räumliche Ausdehnung in dem Sinne zuzuschreiben, in welchem wir sie den materiellen Stoffen beilegen zu können glauben; aber einen Ort im Raume können wir auch dem anweisen, was keine Gestalt besitzt und keinen Raum erfüllt — allerdings einen bloss punktuellen, der nur die Stelle im Raume bezeichnen wird, bis zu welchem alle Eindrücke von der ihr fremden Aussenwelt sich fortpflanzen müssen, um es mit ihrer Wirksamkeit zu erreichen und von wo auch rückwärts alle die Anregungen kommen müssen, durch welche es unmittelbar seine Umgebung und durch diese die weitere Welt in Bewegung setzt[1]). Dass diese Stelle im Gehirn zu suchen sei, hat Lotze niemals gezweifelt, die Lehre von der Allgegenwart der Seele im Körper bekämpft er mit wohlbekannten Thatsachen der inneren Erfahrung, nicht selten mit Spott und Ironie, indem er nachweist, dass das vermeintliche Interesse des natürlichen Gefühls nicht im mindesten besser befriedigt werden kann, wenn ihm versichert wird, dass die Seele sich in dem gekrümmten Zeigefinger mitkrümmt, wenn sie Jemanden lockt, oder sich in der geballten Faust mitballt um ihn hiernach niederzuschlagen[2]). Auch das ist sicher, dass nicht die ganze Masse des Gehirns von dem Seelensitze besetzt sein wird, denn die Ausdehnung, Lage und Doppelzahl der Hemisphären macht es ganz unmöglich, oder wenigstens unpassend; geeigneter wären die Partien ungefaserter Substanz, die sich in dem pons varolii und seinen nächsten Umgebungen befindet. Etwas phantastischer klingt die Bezeichnung der corpora striata, der Seh- und Vierhügel, der Brücke und der benachbarten Kerne und Fasern als Organe der Seele[3]). Von dieser beinah in's phränologische gehenden Localisirung findet sich allerdings weder im „Mikrokosmus" noch in der „Metaphysik" eine Spur und so

---

[1]) Mikrok. I, 325; Kl. Schr. II, 14, 159; Grundz. d. Psych. 61; Medic. Psych. 115 ff.; Streitschr. 133; Met. 578 f.
[2]) Mikr. I, 353, 414; Medicin. Psychol. 119.
[3]) Medicin. Psych. 573 f.

könnte es beim ersten Blick scheinen, als wenn nur der damalige Stand der Gehirnphysiologie diese Ansicht ungestraft hingehen lassen konnte. Das kann aber nicht der Fall gewesen sein. Und wenn ich auch selber verzeihlicherweise nicht gerade zu errathen vermag, was unseren Philosophen zu jener Localisation verleitet hat, so ist wenigstens soviel sicher, dass es aus Unkenntniss nicht geschehen ist; denn in demselben Werke [1]) wird ausdrücklich gesagt, dass ein Schlusspunkt aller Nerven, der zu dem Seelensitz am geeignetsten wäre, sich anatomisch nicht constatiren lässt und gleich darauf die Bemerkung hinzugefügt, dass dies auch nicht nöthig sei. Ja, Lotze geht noch weiter und behauptet ausdrücklich, dass die Seele immer in einem ungeformten Parenchym sich befinden müsse, nicht in gefaserter Substanz, so dass die Nerven allemal in einer gewissen Entfernung aufhören müssen, was selbstverständlich ist, da die Nerven ein physischer Körper sind und die Seele ein übersinnliches Wesen, ein mathematischer Punkt [2]). Diese nothwendige räumliche Trennung der Seele von den nächsten ihrer Angriffspunkte weist auf einen höheren Begriff des Systems, der das erst möglich und wirklich machen muss — auf den Gottesbegriff; ohne ihn würde die Lotzesche Theorie unausführbar sein, denn sie geriethe dann in dieselben Widersprüche, wie der Occasionalismus eines Geulinx' oder Malebranche's: die Seele müsste, ohne eine Kunde davon erfahren zu haben, von selbst wissen, was in irgend einem Nerven vorgeht und sich darnach richten, oder gar, wenn der Nerv zu weit ist, zu ihm hineilen, um von ihm etwas zu erfahren oder ihm etwas mitzutheilen.

Die „Metaphysik" bringt diese Frage zu etwas anderem Abschluss, indem sie verschiedene Fäden, die schon in früheren Werken zerstreut waren, aufnimmt und zu Ende

---

[1]) Ebendas. 116 u. ö.; auch ein Jahr später heisst es in der Rez. von Pflügers „Sensorischen Funktionen des Rückenmarks": „Die Hoffnung, eine Stelle zu finden, wo alle Nerven sich sammelten, hat fehlgeschlagen" Gött. g. A. von J. 1853, S. 1737. In den folgenden Schriften ist das wiederholt worden; vergl. besonders die schönen polemischen Ausführungen in d. Streitschr. 135 ff.
[2]) Streitschr. 139.; Medicin. Psych. 120, 139.

führt. Die in dem Sitze der Seele zwischen ihr und dem Körper sich entspannende Wechselwirkung fällt unter dasselbe Princip, wie jede andere; sie wird nur aus einer Beziehung der qualitativen Naturen zweier oder mehrerer Elemente folgen, und diese innerliche Beziehung würde nur für sie und ihresgleichen die Nothwendigkeit einer Wechselwirkung begründen,[1]) „den chemischen und magnetischen Reagenzien vergleichbar, die nur über Wahlverwandtes Einfluss üben." Demgemäss würde jetzt der Sitz der Seele überall da sein, wo sie wirkt,[2]) wo seelische Entschlüsse in That umgesetzt werden oder äussere Reize zu Zuständen der Seele werden, und da nur qualitative Verwandschaft entscheidet, ob eine Wechselwirkung stattfinden soll oder nicht, so wird die Ausdehnung der Thätigkeit der Seele nicht durch den Ort bestimmt sein.[3]) Der Begriff der allgegenwärtigen Gottheit macht es weiter möglich, den festen Sitz der Seele fallen zu lassen, so dass jetzt diejenigen Elemente, welche „die Weltordnung zu gegenseitiger Wechselwirkung verpflichtet hat, um anderer Zwecke willen, die sie zu erfüllen haben, auch im Raume zerstreut zu denken und eine Anzahl discreter Punkte des Gehirns als ebenso viele und gleichwertige Sitze der Seele vorzustellen seien, an deren jedem sie vollkommen ebenso sehr wie an jedem anderen vorhanden ist, aber nicht ebenso unterschiedlos, an jedem vielmehr eine der verschiedenartigen Thätigkeiten ausübend, „die man niemals in die formlose Vorstellung einer ausströmenden Kraft überhaupt hätte zusammenfassen sollen".[3])

So erweitert sich die Vorstellung vom Sitz der Seele bis zu ihrer völligen Ueberflüssigkeit. Es ist ja klar, dass hierbei die Seele selbst gar nichts leistet und das absolute Wesen alles. Sie könnte es überhaupt nicht fertig bringen, bei all ihrer Kleinheit in jedem Augenblicke überall hinzueilen — vorausgesetzt, dass sie, wie hier behauptet wird, wirklich überall im Gehirn gegenwärtig sein muss, wo etwas

---

[1]) Metaph. 578; Mikrok. I, 44 ff.
[2]) Mikrok. I, 329 f., 336; Str. Schr. 132.
[3]) Metaph. 580.

vor sich geht —, ausser wenn sie dem Umfang nach so gross geworden ist, wie das Gehirn selbst. Der Vergleich mit Gott, der ja auch allgegenwärtig ist, ohne unendlich gross zu sein, ist nichtssagend und ungültig, weil er in ein Gebiet hinüberspielt, wo wir so gern unsere Gewohnheit, nach dem Fassbaren und Begreiflichen zu trachten, bei Seite lassen. Etwas anderes ist es, wenn man das Absolute alles bewerkstelligen lässt. Zwar würde es sich vom Standpunkte der heutigen Psychologie manches dagegen einwenden lassen, aber die Lotze'sche ist einmal metaphysisch, und man kann ihr das Recht dazu nicht absprechen, ohne ihrem Raison d'être zu nah zu treten. Die letzte Consequenz der Einführung des Begriffs des Absoluten zur Lösung dieser Frage ist, wie ich schon einmal erwähnte, das Ueberflüssigwerden der Seele selbst und noch mehr ihres Sitzes im Gehirne; eine extramundane Seele — wenn einmal das Absolute nicht genügt, wird gerade so viel resp. so wenig zu leisten im Stande sein.

Dasjenige, was Lotze über die **gestaltbildende Kraft** der Seele sagt, fasse ich, das hauptsächliche bevorzugend, kurz zusammen. So wie Stahl diesen Gedanken durchführen wollte, ist er für Lotze unannehmbar,[1]) denn alle Erfahrung spricht gegen die Behauptung, dass die Seele frei und unbeschränkt ihren Körper baue. Das Verhältnis der Seele zum Körper ist in diesem Falle nicht etwa dem Lenker eines Schiffes, sondern mehr einem untergeordneten Arbeiter in demselben vergleichbar, der die Kurbel dreht. Nun ist aber damit nicht gesagt, dass sie gar keinen morphotischen Einfluss auf den Körper übe. Es kann immer noch angenommen werden, dass sie ihn übe und zwar ganz so, wie überhaupt eine Substanz auf andere wirken kann: durch die Zustände, die sie selbst erfährt. Von den Seelenzuständen werden hierbei besonders diejenigen in Betracht zu ziehen sein, die einen affektiven Werth[2]) besitzen. Nur darf man sich auch davon nicht viel versprechen, denn das

---

[1]) Metaph. 450; Med. Psych. 124 Art. „Instinkt"; Kl. Schr. I, 172 f.
[2]) Mikrok. I, 320 ff.; Medicin. Psych. 124, 129.

grösste, was die Seele zu leisten vermag, fällt in ihr bewusstes Dasein, d. h. sie leistet es nur als vernünftige Seele, die wir allein aus Erfahrung kennen. Da aber in der Zeit, wo die Seele zum bewussten Leben erwacht, der Körper schon seine festen Formen angenommen hat und die Gestaltbildung abgeschlossen ist, so muss man die morphotische Kraft der Seele als einer nur vegetativen zuschreiben.[1] — Aber auch den plastischen Einfluss der Gefühle und Affekte beschränkt Lotze auf Zartheit und Derbheit des Gewebes, Schlankheit und Gedrungenheit der Architektur und ähnliche allgemeine Verhältnisse[2]) und glaubt, dass die Veredeluug des geistigen Lebens zuletzt auch die körperlichen Formen veredeln wird, und umgekehrt seine Verwilderung sie auch verwildern lässt.[3]) Uebrigens ist Lotze der Ansicht, dass bei den Thieren die gestaltbildende Kraft der Seele grössere Ausdehnung besitzt; seine Gründe dafür habe ich im Kapitel von der Verschiedenheit der Seelen (Seite 38 f.) berührt.

X. Kapitel.

Gehirn und Bewusstsein.

Die Seele kann nach einer althergebrachten Ansicht, die Lotze in gewisser Hinsicht vollständig acceptirt, ein selbstständiges Leben führen, fern von jeder körperlichen Hülle, gerade so, wie seinerseits der Körper eigenes Dasein haben kann; die Zeitstrecke nun, wo sie zusammenbestehen,

---

[1]) Streitschr. 71 f.; Rez. v. Pflüger's Sensorischen Funktionen des Rückenmarkes in d. Gött. g. A. 1853, S. 1739; Medic. Ps. ebendas.

[2]) Medicin. Psych. 129; Mikrokosmus II, 103 f.

[3]) Mikrok. I, 324 u. die o. a. Rez. von Pflügers Schrift in d. Gött. gel. Anz. v. J. 1853, S. 1760. — Die weiteren Einzelheiten, wie z. B. die im Zusammenhang hiermit stehende Erklärung des Versehens bei der Schwangerschaft, die Lotze principiell nicht für unmöglich hält (S. Mikr. II, 102 f.; Kleine Schr. II, 154; Medic. Ps. 128) schliesse ich aus dieser Darstellung aus und verweise noch auf die treffliche praktische Durchführung dieser Ansicht in den Streitschriften S. 91 ff., 68 u. ö.; dann auch Kl. Schriften II, 505 f.; Mikrok. I, 77 f.

ist ein vorübergehendes Stadium, was wir als Bewusstsein bezeichnen,¹) oder genauer als bewusstes Leben, da auch Augenblicke eines unbewussten nebenhergehen können. Lotze versucht es auch, das Bewusstsein zu definieren, es ist ihm „jenes einfache transitive Wissen, welches alle Vorstellungen, Gefühle und Bestrebungen dergestalt durchdringt, dass von ihnen allen ohne dieses Gewusstwerden gar nicht die Rede sein könnte".²) Und wieder an einer anderen Stelle³) sagt er, dass dass das Bewusstsein nur in dem Augenblicke einer Empfindung als Thätigkeit der Seele besteht, die sich auf den empfundenen Inhalt richtet. Die Fähigkeit zum Bewusstsein kann der Seele natürlich kein Gehirn, kein „ihr fremdes Princip" geben, und darum giebt es auch für das Bewusstsein im eigentlichen Sinne kein körperliches Organ, denn mit der Annahme desselben würden alle Vortheile wieder geopfert werden, „die man durch den Glauben an die Existenz einer von dem Körper verschiedenen Seele zu sichern dachte".⁴) Andererseits kann jedoch nicht geleugnet werden, dass ohne einen von aussen, also durch das Gehirn kommenden Impuls die übersinnliche Seele niemals zum Bewusstsein, zum irdischen Dasein erwachen würde.⁵) Aber ist es damit schon ausgemacht, dass die einmal erwachte Seele „fortwährend einer Unterhaltungsursache bedarf"? dass die Seele von neuem in die geistige Nacht versinken müsse, sobald der Aussenwelt kein Zugang zu ihr offen steht? Lotze's Antwort darauf lautet schliesslich, wenn auch mit einigen Umschweifen, bejahend. Wenn die Seele keine inneren und äusseren Antriebe zur Thätigkeit mehr hat, so wird selbstverständlich auch diese Thätigkeit selbst fehlen.⁶) Das bezeichnet Lotze ausdrücklich als selbstverständlich, damit es nicht erst aus anderen Thatsachen, „die das zu verlangen scheinen", wie z. B. der Schlaf die Bewusstlosigkeit u. dergl., gefolgert zu werden brauchte,

---

¹) Metaph. 497.
²) Kleine Schr. II, 124.
³) Metaph. 593.
⁴) Medic. Psych. 457; Streitschr. 129, 125.
⁵) Metaph. ebendas.; Mikr. II, 272 f.
⁶) Metaph. 596.

und auf solche Gedanken hinausliefe, die Lotze unzählige male abweist, (wie der z. B. ist, dass das Seelenleben aufhört, wenn ihm sein Werkzeug, das Gehirn, zerstört wird).[1]) So sagt er, dass das Aufhören einer geistigen Thätigkeit beim Wegfall eines Gehirntheiles einer doppelten Deutung unterliegt; erstens könnte man bei oberflächlicher Betrachtung meinen, dass diese Gehirnabtheilung die betreffende Seelenthätigkeit erzeugt hat; zweitens kann man behaupten, dass die ausgefallene Gehirnmasse in keinem unmittelbaren Zusammenhang mit der Geistesfunktion gestanden, dann wird immer noch das Verschwinden der ersteren die letztere zum Stillstand bringen, indem es ein positives Hemmniss ihrer Ausübung in den Weg legt.[2]) Lotze entscheidet sich für die letzte Möglichkeit, unter anderem auch darum, weil die Thatsachen der Beobachtung „deutlich dafür und nirgends entschieden dagegen sprechen".[3])

Auch die Ohnmacht und die Bewusstlosigkeit, mögen sie mit oder ohne (wenigstens ohne sichtbare) Gehirnverletzung eintreten, werden keineswegs der Seele vom Gehirn aufgenöthigt. „Nicht die Abnutzung des Gehirns, heisst es in der Medicinischen Psychologie[4]), verursacht die Bewusstlosigkeit. Denn die Erinnerung einer mathematischen Formel, die Auflösung eines schwierigen Problems erfordern offenbar viel grösseren Gehirnverbrauch, als etwa das Gewahrwerden einer Leiche. Und doch kann das erstere niemals, wohl aber das zweite sehr häufig einen Ohnmachtsanfall zur Folge haben. Natürlich wird er nicht von dem „harmlosen Gesichtsbild" des Blutes u. dergl. verursacht, sondern von der Deutung desselben, wodurch Erinnerungen und Associationen erst in Fluss gebracht werden, die zur Beunruhigung des Gemüthes Anlass geben.[5]) Diese Thatsache

---
[1]) Selbstanzeige der Medic. Psych. in den Gött. g. A. v. J. 1852 S. 1012: „Das geistige Leben ist nicht ein Echo eines ihm immer vorangehenden physiol. Processes".
[2]) Kl. Schr. II, 139 f.; Allgemeine Pathologie u. Therapie 71, Medicin. Psychol. 458; Mikrokok. I, 369; Streitschriften S. 125; Metaph. 594 f.
[3]) Mikr. ebd.
[4]) S. 459; auch Streitschr. ebd. u. ö.
[5]) Metaph. 594.

weist deutlich darauf hin, dass der geistige Zustand selbst es ist, der unabhängig vom Gehirn den Ablauf der Vorstellungen zum Stocken bringt. Nur darf man nicht etwa glauben, dass dabei die Seele selbst zerstört würde, im Gegentheil ist die Elasticität des geistigen Lebens so gross, dass auch der heftigste Sturm der Gemüthsbewegungen und akuter Störungen sich in ihm vielleicht wieder beruhigen würde, wenn es sich selbst überlassen bleiben könnte".[1]) Das ist jedoch leider nicht der Fall, denn nun widersetzt sich die psychische Erregung der Funktionierung des Gehirns; die Veränderungen in demselben, durch die Erschütterung der Seele verursacht, machen es gleichsam unfähig, dem Schwunge der Seele zu folgen.

Aus dem bisherigen geht hervor, dass es ganz einerlei und theoretisch demselben Grunde zu subsumieren ist, mag die Ohnmacht einer plötzlichen Erschütterung des Gehirns oder mag sie intellektuellen Eindrücken folgen. Allerdings wird der erste Fall scheinbar dem Materialismus zu gute kommen, Lotze lässt ihn auch als sehr überraschend gelten, ihm zugleich jede Beweiskraft gegen seine eigene Meinung absprechend,[2]) denn nicht die Verletzung selbst ist es, die das Bewusstsein aufhören lässt, sie bildet nur einen positiven Reiz für die Seele, „der gewaltsam auf sie zurückwirkt und sie in innere Zustände versetzt, mit denen die Fortdauer des Bewusstseins unvereinbar ist".[3]) Als Ursachen dieser führt Lotze die Zustände „namenloser Angst" an, die das Leiden mancher, dem sympathischen System unterworfenen Organe begleiten"; das Gefühl der Vernichtung, das sich an plötzliche mechanische Beschädigungen anknüpft, wird sich auch hier bis zum höchsten Grade steigern und den Ablauf des Bewusstseins unterbrechen.[4]) Auch die verhältnissmässig grössere Dauer der Ohnmacht in diesen Fällen ist ihm keineswegs auffällig; ihre Ursache liegt darin, dass die Vertheils eine fortwährende Quelle hemmender Eindrücke ge-

---

[1]) Medicin. Psychol. 602.
[2]) Kleine Schriften II, 120 u. ö.
[3]) Med. Psych. 463, 466.
[4]) Kleine Schr. II, 121; Mikrok. I, 370.

öffnet hat, theils die Zuleitung aller neuen Eindrücke durch die sensiblen Nerven gestört sein könne.[1]

Was die Ohnmacht aus rein geistigen Ursachen betrifft, so ist diese als die Regel, auf welche alle anderen Fälle zurückzuführen sind, anzusehen. Eine Unterstützung dieser Ansicht kann man vielleicht in der Behauptung sehen, dass die Seele in physiologisch wechselnder Verbindung mit ihren körperlichen Substraten stehe,[2] so dass, wenn die erstere durch ihre inneren Zustände zu sehr in Anspruch genommen ist[3], das Gehirn, möge es so unversehrt sein wie nur möglich, ganz fruchtlos von ihr Bewebungsimpulse erwarten und neue Empfindungsreize darbieten werde.

Bis hieher handelte es sich um die abnormen Geisteserscheinungen resp. um die Bewusstlosigkeit in ihrem Verhältniss zur Rolle des Gehirns. Sie konnten alle nicht beweisen, dass das geistige Leben erst möglich wird, wenn ihm das Gehirn seine Hilfe darbietet. Nur die allgemeine Ueberzeugung von dem Zusammenhang beider könnte man alledem entnehmen. — Was das normale Bewusstseinsleben betrifft, nämlich den Verlauf der Erinnerungen, Denkprocesse u. dergl., so müssten sie ohne die Hilfe der Centralorgane geschehen können. Auch behauptet Lotze in der That, dem nichts im Wege stehen könne, dass es vielmehr geboten ist, da die Seele nun alles Material, welches ihr die Aussenwelt geben muss, in sich aufgenommen hat. Die Erfahrung bietet uns hier auch das Gegentheil, doch wird die Deutung dieser Thatsache nicht nothwendig in einem, seiner Ansicht entgegengesetzten Sinne ausfallen müssen. Die Gehirnprocesse dürfen nämlich nicht als Ursachen, sondern als Folgen des geistigen Geschehens angesehen werden und zwar als ganz nöthige und wünschenswerthe Folgen, denn ohne die „Mitoscillation" der Centralorgane würde das Seelenleben allmählig in seiner Lebendigkeit und Klarheit verblassen[4]. Besonders ist es das Gefühl, welches

[1] Kl. Schr. ebendas.
[2] Medicin. Psych. 508.
[3] Ebd. 462, 602.
[4] Medic. Psych. 476, 501, 477, 483, 473.

ohne die Mitanregung der Centralorgane ausbleiben müsste. Darin liegt der Nutzen der nachträglichen Gehirnerregung, meint Lotze, dass damit die reinen Vorstellungen eine Gefühlsfärbung erhalten. Die Widersprüche, die daraus für seine Psychologie entstehen, sind theilweise berührt worden; auf die letzten Consequenzen dieser Gebundenheit der Gefühle an die Centralorgane komme ich noch am Schlusse dieser Untersuchung zurück.

---

[1]) Kleine Schriften II, 149.

Dritter Abschnitt.

Die Wechselwirkung zwischen Leib und Seele.

XI. Kapitel.

Vorörterungen.

Die Auffassung des Wesens und Begriffs der Wechselwirkung gehört zu der grössten und tiefsinnigsten Eigenthümlichkeit der Lotzeschen Metaphysik. Sein Verhältniss zu den bisherigen Versuchen zur Lösung dieses Problems ist, um dies vor allem zu betonen, ganz negativ; sie schwinden für ihn alle, Herbart's und auch Leibniz' nicht ausgenommen, zu einem grossartigen Nichts zusammen; mit wie grossem Pomp sie auch vorbereitet und angefangen, mit wie grossem Scharfsinn auch die bisherigen Untersuchungen geführt sein mögen — sie bleiben ihm nur fruchtlose Bemühungen, die sich ewig um die Sache herumdrehen, und schliesslich alles herauserklären, was schon während der Untersuchung hineingelegt worden ist. — Aber noch mehr fesselt die Lotzesche Lösung selbst, mit ihrer Neuheit und Eigenartigkeit.

Ich nehme möglichst denselben Weg der Darstellung, den Lotze fast in allen seinen Schriften eingeschlagen hat, damit auf diese Weise der nicht wegzuleugnende, eminente Scharfsinn des Philosophen und die ganze Lotzesche Eigenthümlichkeit in der Behandlung dieser Frage zu Tage tritt.

Missverständnisse nennt Lotze alle Meinungen, die da unaufhörlich fragen, was denn eigentlich die Seele ist und welches Band sie mit dem Leibe zusammenhalte und in der Fragestellung schon verrathen, dass sie sich nicht mit Begriffen begnügen können, sondern an die Sinnenwelt gefesselt und in allem ihren Thun von ihr beherrscht, jetzt auch von der Seele Anschauungen haben wollen[1]). Dem gegenüber entgegnet Lotze, dass ein Band nur ein Mittel äusserlicher Verknüpfung für dasjenige sein kann, welches von sich, wegen Mangel jeder innerlichen Beziehung keine Wechselwirkungen auszutauschen geneigt ist. Undenkbar bleibt für ihn, wie man durch ein Band etwas an einander ketten und zur Wechselwirkung nöthigen könne, was in seiner eigenen Natur keinen inneren Antrieb dazu fühlt. Wenn aber angenommen wird, dass wirklich in der Welt alles fremd und widerspenstig gegen einander sich verhält, dann hört jede Möglichkeit auf, diesen innerlich einander widerstrebenden Elementen irgendwie gegenseitiges Interesse einzuflössen, vielweniger es mit einander zu verbinden — so dass das Band ganz nutzlos sein muss. „Und wäre es uns nun gelungen, heisst es im „Mikrokosmus"[2]), dieses allgemeine Band zwischen Leib und Seele zu entdecken, welches Bedürfniss hätten wir dann eigentlich befriedigt? Keine der zahllosen Wechselwirkungen, die wir zwischen beiden geschehen sehen, würde ihrer Gestalt und Art nach aus dieser äusserlichen Umschnürung erklärbarer sein, als ohne sie; ja selbst die Möglichkeit jedes gegenseitigen Einflusses würden wir noch einmal mit einem ganz neuen Anlauf der Untersuchung aus der Natur der verbundenen zu begreifen suchen müssen" — denn aus der unbestimmten Vorstellung eines Bandes „würde nicht folgen, in welchen bestimmten Formen die Seele auf dem Leibe wirken müsse"[3]). — Nun aber das Band selbst, welches den Dienst leisten soll, besteht doch wieder aus vielen Theilchen, die, wenn sie nach der Voraussetzung sich widerspenstig gegen

---

[1]) Medic. Psych. 69; Metaph. 974; zu dem folgenden ist zu vergleichen: Med. Psych. S. 70—80; Allg. Pathologie u. Therapie S. 59—66; Kl. Schr. II, 162—165; Metaphysik 190—498; Streitschriften 89—108; Mikrok. I, 300—315; Grundz. d. Psych. 57—61.
[2]) Bd. I, S. 306.
[3]) Grundzüge der Psych. 58.

einander verhalten, schon wieder Bändchen unter einander haben müssen, um sich selbst vor allem zusammenzuhalten und so in's unendliche — eine Vorstellung, die sich in seinen Augen schon damit selbst verurtheilt, dass sie von unserem Denken eine unmögliche Leistung verlangt. Demnach wird keine Aussicht auf Erfolg sein, bis wir nicht angenommen haben, dass die Dinge in der Welt zu einander gehören und keines „armseligen Bindemittels" bedürfen, welches ja auch in Wahrheit zu helfen unfähig ist. Dann ist die Wechselwirkung selbst, die unzähligen Beziehungen, welche die Dinge umspannen, dasjenige, was sie verknüpft, sie oft zu einer grösseren Festigkeit bringt, als jenes äusserliche Band ihnen je hätte geben können und damit alle unnöthigen Zwischenmaschinerien überflüssig macht. „Wer will denn das Band der Freundschaft, das zwei Gemüther verknüpft, noch besonders als eine sichtbare Umschnürung wahrnehmen"? schliesst Lotze in seiner schönen, bilderreichen Sprache[1]).

Schon diese Eingangsbetrachtungen, lassen erkennen, dass Lotze die Wechselwirkung zwischen den Dingen für eine Thatsache ansieht, die wir nur anzuerkennen haben, als etwas unmittelbar gegebenes.

Diese nun anzuerkennende Thatsächlichkeit der Wechselwirkung — worunter nicht die Einsicht der Art ihres Zustandekommens, sondern nur die beobachtbare Veränderlichkeit eines Dinges, weil ein anderes sich auch verändert, oder auf dasselbe eingewirkt hatte — diese Thatsächlichkeit nimmt Lotze nicht bloss für das körperliche Geschehen, sondern auch für die Wechselwirkung zwischen Seele und Körper in Anspruch. Das naive Bewusstsein meint, das Zustandekommen der Wechselwirkung gleichsam beobachten zu können — aber nur in der materiellen Welt, dagegen soll es uns im geistigen Gebiete allein leider verschlossen worden sein. Ihm hält Lotze die Täuschung vor, der es verfallen ist, und behauptet, dass die Wechselwirkung in Wahrheit nirgends beobachtbar, sondern nur ein Gegen-

---

[1]) Metaph. 494; Streitschr. 105; Mikrokosm. I, 307.

stand eines übersinnlichen Begriffs sein könne.¹) „In unserer Auffassung der Welt tritt sehr oft die Neugierde an die Stelle der Wissbegierde."²) So meinen wir den Gang einer Maschine vollständig zu begreifen, sobald wir das Räderwerk in aller Genauigkeit kennen und vermuthen sogleich Räthsel, wenn sich irgendwo in den Einzelheiten für uns Lücken finden. Und doch ist dasjenige, was eigentlich begriffen werden soll, die Cohäsion der Theilchen und das Uebergehen eines Zustands von einem Wesen, in welchem es vorher war, zu einem andern, in welchem es jetzt ist, die man sonst als etwas selbstverständliches voraussetzt. Mit bitterer Ironie bemerkt Lotze hierüber in der Metaphysik: „Wir unterliegen alle zuweilen der Versuchung, zuletzt für selbstverständlich das anzusehen, was eine fortgesetzte anschauliche Beobachtung uns häufig vorführt; ich kann mich deshalb nicht wundern, wenn jugendlichere, mithin schärfere Intelligenzen mich zu belehren versuchen, dass ich mich hier selbst nicht verstehe. Ich bin in dieser Meinung geblieben und muss wiederholen, dass mir jeder innere Zusammenhang zu fehlen scheint, der den Begriff der räumlichen Berührung selbstverständlich mit demjenigen der Wirkung verknüpfte."³) Dies gilt sowohl für das geistige, wie für das materielle Gebiet: die Art und Weise wie es geschieht, ist für Lotze unbegreiflich in beiden Fällen⁴); das naive Bewusstsein sieht zwar eine Unbegreiflichkeit, ja Unmöglichkeit — aber nur in dem zweiten Fall. Hier glaubt Lotze dasselbe in einer Inconsequenz ertappt zu haben. Doch scheint es mir, dass sich der Philosoph ein Missverständniss hat zu Schulden kommen lassen. Darin mag zwar Lotze Recht haben, dass das „natürliche Gemüth" seine Vertrautheit mit einer Sache für die Begreiflichkeit und Erklärbarkeit derselben hält, aber, wenn er sich einmal auf den Standpunkt des Gemüths stellen will, so darf er nichts in denselben hereintragen, was nur einer Metaphysik,

---

1) Medic. Psych. 73.
2) Mikrok. I, 309.
3) S. 111.
4) Streitschr. 100, 113; Kl. Schr. I, 155.

nicht der Ansicht des Gemüths angehört. Das letztere sieht nun einmal, wenn auch aus blosser Gewohnheit, in der Wechselwirkung zwischen körperlichen Atomen nichts anstössiges und seltsames, aber in derjenigen zwischen körperlichen Atomen und der von ihnen ganz verschiedenen, übersinnlichen Seele sieht es keine Anhaltspunkte für die „Uebertragung", das „Uebergehen" und dergl. Lotze hat hier nämlich schon seinen eigenen Standpunkt eingenommen und von dem Grundsatz Gebrauch gemacht, der besagt, dass jede Wirkung aus der Natur des betreffenden Wesens heraus entstehen muss und nicht übertragen werden kann.[1])

Lotze spricht sehr oft vom Occasionalismus und nennt seine eigene Theorie auf dem Standpunkt, wo wir jetzt angelangt sind, „praktischen" oder „formellen" Occasionalismus[2]), im Unterschied von dem metaphysischen, dessen Unmöglichkeit und innere Widersprüche er vortrefflich bewiesen hat.[3]) Seine Bezeichnung „occasionalistisch" bezieht sich auf Untersuchungsmaximen, wie sie in aller Physik praktisch im Gebrauch sind, ohne alle Ansprüche, die Natur der Wesen oder der Ereignisse, um die es sich handelt, erkannt zu haben. Lotze gestattet hier, im Widerspruch mit seinen Aeusserungen, die ich im Kapitel von der Stellung der Psychologie angeführt habe, der psychologischen Forschung, so zu verfahren, wie die Physik, wo „die beste Kenntniss nur ein genaues Studium der Gelegenheiten ist, bei welchen durch einen Zusammenhang des Wirkens, dessen innere bewegende Nerven wir nicht verstehen, die Ereignisse hervortreten, jedes nach allgemeinen Gesetzen an eine ihm allein zugehörige Veranlassung geknüpft und jedes nach einer ebenso beständigen Regel sich mit der Veränderung dieser Veranlassung verändernd".[4])

---

[1]) Ich bemerke noch, dass die Unvergleichbarkeit von Leib und Seele, welche mit diesem Grundsatz an der Hand, der Wechselwirkung gar nicht hinderlich ist, von Lotze immer noch ausdrücklich verlangt wird: Mikrok. III, 476.
[2]) Allg. Pathol. u. Therapie 62; Kl. Schr. II, 163; Streitschr. 96; Gött. gel. A. v. J. 1852, S. 1000; Med. Ps. 77 ff. u. ö.
[3]) Vergleiche insbesondere Metaph. 122.
[4]) Mikrokosmus III, 314; Streitschriften 100; Med. Psych. 76.

Das bisherige sollte feststellen, dass die Wechselwirkung eine Erfahrungsthatsache ist, ohne im mindesten die Frage zu berühren, wie und wodurch sie möglich ist. Einen „eitlen Traum"[1]) nennt Lotze die gewöhnliche Ansicht, wonach die Wechselwirkung und überhaupt der Mechanismus der Welt etwas selbstständiges, auf sich beruhendes sein sollen, dessen Zustandekommen an sich und ohne weitere Voraussetzung begreiflich und möglich sei. Lotze ist unerschöpflich in seinen Ausmalungen der Widersinnigkeit und absoluten Unmöglichkeit der landläufigen Anschauungen hierüber. Dieses Problem bildet den zweiten Punkt, wo sich Lotze im grössten Gegensatze befindet, sowohl gegen Leibniz wie auch gegen Herbart. Und es steht das in unverkennbarem Zusammenhange mit seiner völlig veränderten Auffassung des Substanzbegriffes und des Begriffs vom Sein. Sonst lässt sich eine grosse Verwandschaft mit Spinoza nicht verkennen, wie sehr auch Lotze dagegen protestirt.

Vor allem muss die Selbstständigkeit der Dinge hinweggeschafft werden. Denn wie könnte die Wechselwirkung geschehen, ruft Lotze aus, „wenn die Elemente selbstständig, ohne etwas gemeinsames zu haben, gegen einander ständen?[2]) da jedes wie in einer Welt für sich ist und zwischen ihnen nichts? Wie wird durch dieses nichts hindurch, in welchem keine Wege der Vermittelung laufen, die Wirksamkeit des einen sich zu dem andern hinfinden?[3]) Nichts wird gewonnen werden, wenn man sogar dies Unmögliche zugestände; denn übergegangen auf den anderen Körper b würde die Wirkung a nun hier sein: wie wird sie aber jetzt zum Zustand von diesem b werden, an dessen Stelle sie sich

---

[1]) Mikrokosm. III, 122.
[2]) Dieser Gedanke, der wohl aus dem innersten Wesen der Lotze'schen Philosophie geflossen sein kann, tritt jedoch in der Geschichte der Philosophie nicht zum ersten mal auf: so schreibt Aristoteles (de gen. et corr. I, 6) dem Diogenes von Apollonio den Gedanken zu: „Wenn nicht alles aus Einem wäre, so könnte es nicht auf einander wirken und nicht von einander leiden"; und auch der Satz Spinozas: „Quae res nihil commune inter se habent, earum una alterius causa esse non potest" (Ethica I, prop. 3) deutet darauf hin.
[3]) Mikrok. III, 426.

befindet? Warum soll sie *b* bewegen?¹) Möge man auch nur die Kraft des einen Elements zum andern übergehen lassen, es würde nicht aufhören undenkbar und unmöglich zu sein und noch dem Einwande der alten Metaphysik unterliegen: „attributa non separantur a substanciis". Es würde ja die Kraft oder der Zustand eine zeitlang als Niemandes Zustand zwischen dem einen und dem anderen Dinge schweben müssen, und so getrennt, hätte er nichts, was ihm seine Richtung vorschriebe. Das Element, zu dem er hinwill und dessen Zustand er werden soll, kann ihm den Dienst nicht leisten, weil damit schon eine Wechselwirkung zwischen ihnen geschehen sein musste. So von nirgendsher angezogen, durch nichts in seinem Wandeln gehemmt und unterbrochen, kann der Zustand seinen „räthselhaften Weg" fortsetzen und Niemandes Zustand bleiben, so wie er schon einmal Niemandes Zustand war.²)

XII. Kapitel.
Die Lösung des Problems der Wechselwirkung. Lotzes Begriff der persönlichen Gottheit.

Die Grundansicht, die sich mitbestimmend durch alle Fragen der Lotze'schen Metaphysik hindurchzieht und dem Problem der Wechselwirkung den auf seinem Standpunkte einzig möglichen Ausgang bietet, ist der Begriff des unendlichen Wesens, des Absoluten oder Gottes. „Nicht der nichtige Schatten einer Naturordnung, sondern nur die volle Wirklichkeit eines unendlichen, lebendigen Wesens, dessen innerlich gehegte Theile alle endlichen Dinge sind, kann die Mannigfaltigkeit der Welt so verknüpfen, dass die Wechselwirkungen über die Kluft hinüberreichen, welche die einzelnen selbstständigen Elemente von einander ewig scheiden würde."³) — Freilich ist eine erschöpfende Dar-

---
¹) Metaphys. 113, 359.
²) Zu vergl. Metaph. 113—115; Mikrok. III, 484; Med. Psych. 160; Streitschr. 111.
³) Mikrok. III, 484 f.; ebendas. I, 428 f.; Grundz. der Religionsphilosophie S. 22; Streitschrift. 103, 111, 115; Metaph. 138, 160 ff., 381 u. ö.

stellung von Lotzes Gottesbegriff hier nicht möglich, ich muss mich begnügen, diejenigen Bestimmungen aus demselben herauszugreifen, die für den Begriff der Wechselwirkung von Bedeutung sind. Nur noch eine Vorbemerkung. Es hat ein eigenthümliches Bewandtniss mit der Beziehung, die Lotze zwischen dem unendlichen Wesen und der Wechselwirkung aufgestellt hat. Sie ist als eine Wechselbeziehung zu fassen, aber ihre Natur ist nicht leicht zu bestimmen. In religionsphilosophischen Betrachtungen dient die Thatsache, dass überhaupt Dinge auf einander wirken können, als vierter, für Lotze einzig gültiger Beweis vom Dasein Gottes, da er allein, im Gegensatz zu den drei anderen, den kosmologischen, teleologischen und ontologischen, sich auf keine unerweisbaren Postulate stützt und noch weniger vom Begriff der Sache auf sie selbst unerlaubte Folgerungen zu ziehen versucht.[1]) In metaphysischen Erörterungen dagegen ist die nothwendig zuzugestehende Existenz der lebendigen Gottheit, deren Modificationen die Dinge sind, das einzige, was zu bewirken im Stande ist, dass sich Dinge in der Welt nach einander richten können, überhaupt einander angehen und eines für das andere existiren. Der naheliegende Einwand, dass bei dieser wechselseitigen Bedingtheit man im Grunde nicht weiss, welches das vor- und welches das nachgehende ist, welches bedingt und welches nicht bedingt wird — ist hier ganz unstatthaft und zwar erstens aus Gründen, die für jede Wechselbedingtheit gelten, zweitens, weil denselben Lotze mehrmals, meist aus Anlass von Herbarts Begriff des reinen Seins, abgewiesen hat. Die Wechselbedingtheit, um die es sich hier handelt, darf streng genommen keine reale genannt werden. Dies zwar, dass durch Gott erst die Wechselwirkung der Dinge möglich gemacht wird, ist eine reale, nämlich causale Bedingtheit; aber was die Beweiskraft der Wechselwirkung für das Dasein Gottes anbetrifft, so ist das natürlich von Lotze nicht als eine Bedingung gemeint, sondern blos als ein Zeichen für uns Menschen, woran wir die Existenz des von nichts in der Welt bedingten erkennen können.

[1]) Grundzüge d. Religionsphilosophie S. 19 u. folgg.

Verfolgen wir jedoch die Gedanken Lotze's weiter. Nicht nur die Thatsache, dass Wirkungen ausgetauscht werden können, sondern schon dies, dass ein Weltlauf vorliegt, in welchem Ereignisse sie sich nach Gesetzen verknüpfen[1]), macht einen substanziellen Weltgrund nothwendig. Kein Weltlauf ist für Lotze begreiflich, weder harmonischer noch unharmonischer, ohne die Vorstellung jener Einheit, welche ihm alles wechselseitige Wirken erst möglich macht[2]). Die Störungen der Dinge durch einander bezeugen ihm die ewige Gegenwart dieses Einen ebenso eindringlich, wie das Zusammenstimmen der Kräfte zum Zweck. — Dagegen ist nichts im Stande, den Begriff des Unendlichen zu ersetzen, am wenigsten ein „allgemeines Gesetz", das Lotze für wesenlos und unwirklich gilt, denn

---

[1]) Mikrok. III, 559; I, 427; Metaph. 453.
[2]) Hier könnte sich wohl mit Recht der Gedanke regen dürfen, warum denn eigentlich dies alles? Wo liegt für Lotze etwas so zwingendes, das ihm nicht gestattet, sich die Welt anders als unter dem grossartigen Schatten eines Absoluten zu denken? Dass es wirklich etwas ähnliches gibt, müsste man von vornherein erwarten. Es ist mir immer merkwürdig vorgekommen, warum Lotze diesen Hintergedanken, der allem dargelegten erst zwingende Kraft verleiht, in seinen Werken fast unausgesprochen gelassen hat; hielt er ihn für unwichtig oder für selbstverständlich? Wie dem auch sei, diesen Hintergedanken, hat Lotze nur in seinen Vorlesungen über Religionsphilosophie ausdrücklich zur Sprache gebracht. Es ist die Analogie zwischen dem Absoluten und den Elementen der Welt einerseits und der Seele und ihren Vorstellungen, Gefühlen u. s. f. andererseits — eine Anschauung, an welche sich viele Anklänge durch die ganze Metaphysik Lotze's hindurch finden, aber gerade diese Seite tritt nirgends hervor. So wie aus zwei Prämissen, sagt Lotze in den „Grundzügen der Religionsphil." (S. 22 u. folg.) ein Schluss folgen wird, nur wenn sie in einer Seele sich finden, keineswegs aber wenn dieselben in zwei verschiedenen Seelen, nichts einander angehend, auf sich beruhen; so wie zwei Vorstellungen sich nacheinander richten und gegenseitig beeinflussen können, wenn sie in einer Seele wohnen, so ist jedes causale Geschehen nur in dem Einen Urgrunde denkbar. An der Hand dieser Analogie wird das in dem Einen Absoluten Nichtexistirende gar nicht für einander existiren, es würde sich wie in zwei Welten befinden, zwischen welchen kein Uebergang möglich ist.

damit es über die Dinge Macht besitze, müssten diese letzteren Glieder eines Systems sein, damit seine Anwendung in jedem konkreten Fall stattfinde, müsste die veränderliche Weltlage in jedem Augenblick sich in den Elementen abbilden, die zur Erzeugung einer Folge zusammenwirken sollten; es müsse das, was dem einen von ihnen geschieht, ganz unmittelbar auch ein neuer Zustand des anderen sein[1]); dies alles kann das Gesetz als solches, dem Lotze in den „Streitschriften"[2]) bloss „exekutive" Gewalt zuschreibt, nicht bewirken, sondern nur das Absolute.

Es ist klar, dass auf diesem Standpunkte nur von einem eminentem Wirken die Rede sein kann und zwar nicht darum, weil es für Lotze begreiflicher und verständlicher schiene — nein, das mystische Dunkel in demselben bleibt gerade so bestehen, wie in dem Begriff des transcendenten Wirkens[3]). Doch hält Lotze den ersten Fall für das thatsächlich Gegebene und ihm scheint unmöglich, dass etwas, was jemals ausser aller Beziehung zum anderen, zur Welt überhaupt gestanden, irgendwie später in eine solche eintreten könne[4]). Dass uns die Dinge häufig beziehungslos dazustehen scheinen, kann nur auf eine Täuschung zurückgeführt werden, denn in Wahrheit verbindet alle Dinge „eine ewige, niemals ganz unterbrochene Wechselwirkung, die sich nur mit verschiedener Intensität äussert"[5]) und bis zur scheinbaren Selbständigkeit der Dinge sich verkleinern kann[6]).

Indem wir die Consequenzen aus der Anwendung des Lotzeschen Gottesbegriffs weiter verfolgen, wird es uns fraglich erscheinen, ob hier der Begriff der Wechselwirkung überhaupt noch in dem Sinne, wie in dem gewöhnlichen Sprachgebrauch fortleben kann. Er entspricht mehr einem Geschehen innerhalb eines und desselben Wesens, als einem Austausch von Wirkungen zwischen verschiedenen Wesen.

[1]) Metaphys. 454.
[2]) S. 111.
[3]) Metaph. 136.
[4]) Grundz. d. Metaphys. 13; Metaph. 42 f.
[5]) Metaph. 43, 11.
[6]) Ebendas. 111 f., 165.

Für wahrhaft selbständige Dinge, die einander beeinflussen könnten, ist kein Raum mehr; alles, was existirt, ist nothwendig Zustand, Modification eines unendlichen Wesens[1]), alles Geschehen in den Dingen ist nur von ihm und sonst von nichts anderem bestimmt. Keine Bewirkung, keine Veranlassung von etwas in einem Dinge durch ein anderes findet mehr statt; das Unendliche bewirkt in jedem Element gleichzeitig jede nöthige Veränderung. Doch ist dieser letztere Ausdruck auch nicht ganz genau, das Absolute bewirkt in Wahrheit nichts, bringt nichts hervor; es geschieht in ihm alles gleichsam in einem Augenblicke. „Ueberall wirkt das Absolute auf sich selbst, seine Thätigkeit verlässt nicht den stetigen Boden des Seins", eine Veränderung in einem Dinge braucht nicht erst durch die Welt zu wandeln, um sich fortzupflanzen und anderen mitzutheilen; sie ist ja eo ipso eine im Absoluten also auch in den anderen Dingen. Lotze hat sich gegen die Einwendung, dass damit in der Welt eine unaufhörliche regellose Veränderlichkeit, ohne alle causale Bedingtheit eingeführt würde, nicht verwahrt, doch ist dieselbe einigermassen dadurch entkräftet, dass nur der qualitativen Verwandtschaft das Recht zugestanden wird, Wechselwirkungen zu bestimmen.

Möge noch die folgende Stelle, wo Lotze das hauptsächliche zusammenfasst und kraftvoll hervorhebt, zum Schluss Platz finden: „Alle Elemente sind unselbstständige Glieder des Absoluten, dessen Selbsterhaltung sie alle unter einander in einer unablässigen Beziehung auch gegenseitiger Abhängigkeit setzt, nach dessen Gebot ohne Widerstand leisten oder Hilfe, die sie ihrer eigenen Realität verdankten, gewähren zu können, sie in jedem Augenblicke sich so ordnen, dass der Gesammtinhalt der Welt einen neuen Ausdruck desselben Sinnes gewährt, eine Harmonie, die nicht prästabilirt ist, sondern in jedem Momente durch die Kraft des Einen wiedererzeugt"[3]).

---

[1]) Metaph. 381 folgg.
[2]) Mikrok. I, 429; Med. Psych. 116.
[3]) Metaph. 139 f.

Vierter Abschnitt.

Abschluss.

Der unvergessliche Verfasser der „Geschichte des Materialismus", Fr. A. Lange hat einmal gelegentlich Lotzes Metaphysik „eigensinnig"[1]) genannt. Was ihm den Anlass dazu gegeben hat, wird nicht schwer zu errathen sein — der Tadel selbst aber ist entweder keiner, oder wenn er ein solcher sein soll, so kann er es nur im Widerspruch mit Langes eigener Natur sein. Es ist erstens kein Tadel, weil doch im Grunde jede Metaphysik eigensinnig genannt werden müsste und es wäre im Gegentheil nicht einzusehen, wie eine Metaphysik ohne einen gewissen Eigensinn zu Stande kommen sollte. Denn gerade durch ihn, durch die unerbittliche logische Consequenz wird ein metaphysisches Lehrgebäude möglich und auch gross und bewunderungswürdig und erhält seinen eigenthümlichen Zauber. Lange würde zweitens im Widerspruch mit sich selbst sich befinden, denn er ist sonst nicht verständnisslos für die guten Seiten der Metaphysik und gehört keineswegs zu den Vertretern der reinen Empirie, welche dreist alle Metaphysik aus der Welt zu schaffen glauben. Dazu ist Lange eine viel zu harmonische und idealistische Natur. Er verlangt ja bloss, dass die Metaphysik nicht mehr zu leisten sich vermesse, als sie kann und hauptsächlich, dass sie sich nicht für unfehlbare und unumstössliche Wissenschaft ausgebe. Da hätte Lange unseren Philosophen nur be-

---

[1]) Bd. II, S. 106 (III. Aufl.).

geistert begrüssen sollen, denn er genügt dieser Forderung mehr wie jeder Andere[1]).

Den Anlass zu diesem Worte könnte Lange möglicherweise etwa von der Lotze'schen Auffassung der Seele hernehmen, oder von seinem Gottesbegriff und anderen Eigenthümlichkeiten der Lotze'schen Philosophie, die beim ersten Blick für den darin unbewanderten nicht gerade verlockend sind. Aber um der Lotze'schen Philosophie diesen Vorwurf zu machen, müsste man nicht einsehen wollen, dass Lotze, so wie er einmal geartet war und mit diesen Grundüberzeugungen, die er hatte, nothwendig in dieser Richtung philosophieren musste. Allerdings mit diesen Ueberzeugungen. Und ich will sie gleich in der Kürze erwähnen und damit den innersten Kern der Lotzeschen Metaphysik an's Licht stellen. Es ist seine Sehnsucht nach der entschwundenen Einheit von Glauben und Wissen[2]), die ihm die Grundrichtung vorschreibt[3]) und es ist sein tiefes ethisches Bedürfniss, die ihm seinen Gottesbegriff diktiert. Das letzte Moment hat Lotze in einem der zaubervollsten Kapitel des „Mikrokosmus"[4]) ausführlich besprochen. Da sagt er, dass ihm jede sittliche Grösse und Reinheit des Lebens für unvereinbar mit einer Ueberzeugung gilt, welche das Vorhandensein einer übernatürlichen Ordnung der Dinge unsere Verknüpfung mit ihr und die Fortdauer unserer Existenz über die Grenzen des irdischen Lebens hinaus leugnet[5]). Dazu rechnet Lotze nicht nur den Materialismus, sondern auch den Pantheismus — sie scheinen ihm das sittliche Leben grundsätzlich auszuschliessen. Und wenn es gleich Vertreter dieser Richtungen gegeben hat, die an Seelenadel sich mit den höchsten sittlichen Helden

---

[1]) Sonst ist Lange voll von aufrichtiger Bewunderung für den Tiefsinn Lotzes; vergl. ebendas. u. besonders in Langes Ar. „Seelenlehre", Schmidt's Encyklopädie ... I. Aufl. 1870, VIII. Bd. S. 766.
[2]) Rez. von Domrich's Psychischen Zuständen, Kleine Schr. II, 451 f.
[3]) Metaph. 603 f.
[4]) Betitelt „Das innere Leben", im II. Bd., VI. Buch, Kap. V.
[5]) Ebendas. S. 453 f.

messen können — so ist ihm das nur eine glückliche Inconsequenz unseres Wesens, „die so oft unseren Charakter vor der Verderbniss durch unsere theoretische Irrthümer bewahrt und es uns thatsächlich möglich macht, auf eine widerspruchsvolle Weise die Würde der Humanität im Leben mit Meinungen zu verbinden, welche sie eigentlich aufheben würden"[1]). Wenn man ihm entgegenhält, dass doch die eigene Würde und die Selbstachtung auch dem eingefleischten Materialisten, ohne jeden Anhalt an eine geheimnissvolle übersinnliche Welt gebieten würde, die niedere Natur in sich zu unterdrücken, so bezweifelt Lotze, dass eine Ansicht, die nur mechanischen Naturlauf kennt, consequenterweise etwas anderes thun könnte, als Begriffe, wie den den der Achtung überhaupt, zu jenen krankhaften Ausgeburten der Phantasie zu werfen, denen nicht reelles entspricht" u. s. f.[2]).

Man sieht, das ihm das sittliche Leben erst durch seine Philosophie begründet werden muss[3]) und dass ihm nur der Begriff einer persönlichen Gottheit den Adel und die Reinheit retten zu können scheint. Hier muss wohl jede Kritik verstummen, die nicht geradezu unserem Philosophen diese Anschauung selbst streitig machen wollte, oder verlangte, dass er sie nicht hege.

Lassen wir zum Schluss einen Ueberblick der Lotzeschen Seelenlehre folgen.

Der Verlauf dieser Darstellung hat uns oft Gelegenheit gegeben, lobend und anerkennend manche Seiten der Lotzeschen Psychologie resp. seines Seelenbegriffs — sei es die Neuheit des Gedankens oder die Trefflichkeit der Ausführung — hervorzuheben; auch nicht selten haben wir uns veranlasst gesehen, gegen seine Behauptungen aufzutreten. Am meisten hat uns seine Auffassung der Stellung

---

[1]) Ebendas. 154.
[2]) Ebendas. u. folg. Zu vergl. auch Mikrokosm. III, 358.
[3]) Es wird den zwei philosophischen Systemen (Plato's und Spinoza's), die W. Wundt als vornehmlich aus ethischen Bedürfnissen entstanden anführt (Wundt's Ethik. S. 300), auch das Lotzesche anzureihen sein, welches diese Tendenz am ausgesprochensten verfolgt.

der Psychologie zur Metaphysik zum Widerspruch gereizt und ebenso die Art, wie Lotze zur Aufstellung einer specifischen Seelenmonade kommt. Seine Fassung des Seelenbegriffs, so viel man auch gegen dieselbe von einem anderen Standpunkt einwenden könnte, bezeichnet einen bedeutenden Fortschritt in der Entwickelung der Substanzialitätshypothese vom Wesen der Seele. Und wie ganz andere Bedeutug hat der Substanzbegriff bei ihm! Befreit von allem mystischen Dunkel wird er nicht mehr zu dem Zweck verwendet, um trüben und unaufgeklärten Wünschen des Gemüths nach Unsterblichkeit zu genügen; nicht als wenn Lotze diese menschliche Schwachheit hätte ganz unbefriedigt lassen wollen, aber er sucht den Seelenfrieden auf einem ganz anderen Wege, indem er alles der Allgewalt des persönlichen Gottes überlässt, welcher das höchste Gut ist und dessen Natur sich in der sittlichen Weltordnung kundgiebt. So befreit Lotze die Unsterblichkeit der Seele von allen für das menschliche Herz störenden unliebsamen Zuthaten. Auch die nähere Bestimmung der Seele war unendlich weit von den bisherigen Auffassungen. Es giebt keine fensterlosen Monaden mehr, sondern nur solche, die in unendlich modificirten und abgestuften Beziehungen mit einander stehen; kein veränderungsloses Reale, sondern ein Wesen, dessen Natur gerade in der Fähigkeit sich zu verändern besteht. Die Veränderungen selbst bilden eine gesetzmässige Entwicklungsreihe, die sich nur durch eine vielgliedrige Idee ausdrücken lässt. Die Idee der Verhaltungsweise einer individuellen Seele ist ihr wahrhaftes Wesen; die Realisirung der Idee dagegen, deren Würde einzig das Schicksal einer Seele entscheidet, ist der Beruf das Leben der Seele.

Und wieder ganz neu, besonders im Vergleich zu allen individualistisch angelegten Systemen, ist seine Lösung des Problems der Wechselwirkung. Auf einer grossartigen Analogie zwischen Seele und Universum bauend, wird sie auch hier zu einer Postulirung des Unendlichen, damit die Dinge auf einander wirken können. Allerdings ist die Wechselwirkung ganz anderer Art, es ist nicht mehr Wechselwirkung zwischen verschiedenen Dingen, die selbstständig gegen einander stehen; es ist mehr eine innerhalb der Theile eines Wesens geschehende Veränderung. Indem die Elemente der Welt zu Modificationen des Absoluten, in denen kaum mehr die verlangte Selbstständigkeit der Geister — der einzig realen — zu spüren ist[1]), herabgesunken sind, ist eine Veränderung in irgend einem derselben eo ipso eine im absoluten Sein, also auch in allen Dingen.

Was das Verhältnis von Seele und Gehirn anlangt, so fasste Lotze dasselbe dergestalt auf, dass er die Bedeutung des Gehirns wie auch seine wahrhafte Unentbehrlichkeit nur für die direkt von der Aussenwelt angeregten Empfindungen behauptete; für den Vorstellungsverlauf, d. h. für diejenigen geistigen Akte, die zwischen den schon erworbenen Elementen des Seelenlebens geschehen, kam dasselbe nur in zweiter Linie in Betracht: es sollte sich zwar ebenfalls betheiligen, aber von dem geistigen Geschehen selbst angeregt, nicht umgekehrt. Dann wurde von dem höheren geistigen Leben behauptet, dass es ohne alle körperliche Beihilfe geschehe; jedoch erwies sich das in Wahrheit undurchführbar. Lotze hatte es unmöglich gemacht und zwar dadurch, dass er das Gefühl, welches alle, auch die abstraktesten Gedanken begleite, an das Gehirn band. Noch unheilvoller zeigt sich dieses Gebundensein der Gefühle an die Centralorgane, wenn man eine der merkwürdigsten Eigenthümlichkeiten der Lotzeschen Psychologie noch in Betracht zieht. Es ist die Entstehung des Selbstbewusstseins, der Ichvorstellung, die unser Philosoph nur mittels des Gefühls möglich findet. Andererseits schreibt er die „Persönlichkeit", das Selbstbewusstsein seinem Absoluten zu[2]), womit wohl unbewussterweise eine Anthropomorphisierung Gottes behauptet wird, wie sie ärger nicht gedacht werden kann. Das ist die äusserste Consequenz seiner „gefühlserzeugenden Nervenprocesse", die Lotze selbst kaum acceptirt hätte.

---

[1]) Vergl. R. Seydel's Aufsatz über Lotze im „Neuen Reich" von 1881, Nr. 32; und Achelis, v. Ths. „Lotze's Philosophie" i. d. Vierteljahrschr. f. wissenschaftl. Philosophie. Bd. VI, S. 17 f.

[2]) Man vergl. darüber Kleine Schr. II, 127 u. ff.: Mi I, 181, 281 ff. u. ö.; Medic. Psych. 496 ff.; Grundzüge d. Religionsphil. 40.

VITA.

Ich, Kresto K. Krestoff, wurde am 12. Juni 1866 in Pirot (Serbien) geboren, woselbst ich auch den Elementarunterricht genoss. Im Jahre 1879 trat ich in das klassische Gymnasium zu Sofia (Bulgarien) ein und absolvirte dasselbe im Jahre 1885. Im Oktober 1885 bezog ich die Universität Leipzig, wo ich ununterbrochen bis Ende des Sommersemesters 1888 immatriculirt war. Während dieser Zeit trieb ich meist philosophische Studien und besuchte die Vorlesungen der Herren Prof. Wundt, Roscher, Overbeck, Leuckart, Springer, Masius, Strümpell, Schubert-Soldern und Leskien. Ausserdem habe ich in dem psychologischen Seminar des Hrn. Prof. Wundt gearbeitet.

Es sei mir gestattet, auch an dieser Stelle meinen verehrten Lehrern und vorzüglich Herrn Prof. Dr. W. Wundt, dem ich meine philosophische Bildung verdanke, meinen verbindlichsten Dank auszusprechen.